KULTURREISEN IN SACHSEN-ANHALT

GARTENTRÄUME

HISTORISCHE PARKS IN SACHSEN-ANHALT

HERAUSGEGEBEN
VON CHRISTIAN ANTZ

TEXT
ANKE WERNER

FOTOGRAFIEN
JANOS STEKOVICS

3., aktualisierte, erweiterte Auflage

VERLAG JANOS STEKOVICS

Vorwort

Historische Parks in Sachsen-Anhalt

Von alters her besitzt der „Garten" eine über seine reale Substanz hinausgehende symbolische Bedeutung. In allen Religionen verkörpert er eine heile, göttliche Idealwelt. Im christlich geprägten Abendland steht er für das einmal gewesene, heute verlorene und irgendwann wieder herzustellende Paradies. Der Garten steht am Anfang und am Ende der Schöpfungsgeschichte: „Gott, der Herr, nahm also den Menschen und setzte ihn in den Garten von Eden, damit er ihn bebaue und hüte" (Genesis 1, 15).

In Sachsen-Anhalt findet der Besucher mehr als 1000 dieser Paradiesgärten, die von der Denkmalpflege unter ihren Schutz gestellt wurden. Neben den bekannten Parks wie den Anlagen im UNESCO-Weltkulturerbe „Gartenreich Dessau-Wörlitz" und den historischen Kuranlagen mit dem Goethe-Theater in Bad Lauchstädt stellen auch die vielen, noch weniger bekannten historischen Gärten ein wichtiges historisches Erbe dar, das es zu schützen und zu pflegen, zu erforschen und zu besuchen gilt.

Aus der schier unüberschaubaren Zahl der historischen Parks in Sachsen-Anhalt wurden 43 Parkanlagen ausgewählt, die den Besucher auf eine Zeitreise durch die europäische Gartenkunst vom Frühbarock bis zum Heute schicken. Der biografisch-geografische Reigen reicht von Ernst Ludwig Spiegel zum Diesenberg in Halberstadt über Leopold III. Franz von Anhalt-Dessau in Wörlitz bis zu Peter Joseph Lenné in Magdeburg.

Gerade die Ausweitung auf einen Park des 21. Jahrhunderts, die IBA-Landschaftskunst Goitzsche in Pouch bei Bitterfeld, zeigt die Vorwärts- und nicht die Rückwärtsgewandtheit sowie die internationale Einordnung der Gartenentwicklung des Landes. Zum ersten Mal wurde in Deutschland ein landesweites kulturtouristisches Netz historischer Gärten und Parks unter einem Dach, den „Gartenträumen", geschaffen. Kommen Sie, träumen und genießen Sie mit uns.

Prof. Dr. Christian Antz
Herausgeber

Jens Spanjer
Präsident Deutsche Gesellschaft für Gartenkunst und Landschaftsarchitektur (DGGL)
Initiator Europäisches Gartennetzwerk (EGHN)
Vorstand Stiftung Schloss Dyck

Seite 1: Blumentheater im Wörlitzer Park

Tangerhütte, Stadtpark

Entwicklungsgeschichte der Gartenanlagen in Sachsen-Anhalt

Die Kloster- und Burggärten des Mittelalters

Im frühen Mittelalter sind bescheidene Formen regelmäßiger Gartengestaltung vor allem aus den Klöstern bekannt. Es waren besonders die Benediktiner, die den Gartenbau vorantrieben, da ihnen die Ordensregeln geistige und körperliche Arbeit vorschrieben. Hier tauchen vier Gartentypen auf: der von Arkaden umgebene Kreuzgang, der untergliederte Heilkräutergarten mit medizinisch-naturwissenschaftlicher und kultisch-magischer Bedeutung, der Gemüsegarten zur Ernährung der Mönche und ein Baumgarten, der zugleich Friedhof und Obstgarten war.

In Sachsen-Anhalt sind die mittelalterlichen Kloster- und Burggärten heute nur noch in Texten oder Bildern überliefert, ihre realen Spuren sind verwischt, überlagert oder ganz zerstört worden. Einige der wenigen mittelalterlichen Spuren finden sich noch im Kloster Drübeck, das im 10. Jahrhundert durch Benediktiner gegründet wurde. Auch wenn die Drübecker Gärten in ihrer heutigen Grundform weitestgehend im 18. Jahrhundert entstanden sind, lässt sich vermuten, dass auch an der frühen Klosteranlage Gärten bestanden, die den mittelalterlichen Gartenidealen und Nutzungsanforderungen entsprachen. Eine Klosteranlage, die im Zuge der Bauernkriege um 1525 und der Säkularisierung zerstört und in den darauffolgenden Jahrhunderten in einen Fürstensitz umgewandelt wurde, befand sich im Mittelalter auch in Ballenstedt. Andere mittelalterliche Klosterspuren lassen sich nur noch im Namen verfolgen, wie beim Magdeburger Klosterbergegarten, der nach dem ehemaligen Moritzkloster auf dem Gelände der heutigen Parkanlage, dem Kloster Berge, benannt wurde. Bei all diesen Anlagen existieren jedoch kaum Hinweise auf die Gestaltung der dazugehörigen mittelalterlichen Gärten.

Die zwei grundsätzlichen Gartentypen des Mittelalters, der Rasen- und Baumgarten und der Kräuter- und Blumengarten, wurden nicht nur in den Klöstern angelegt, sondern auch in Burganlagen. Im Hochmittelalter wurde der Baumgarten der eigentliche Lust- und Wohngarten der höfisch-ritterlichen Gesellschaft. Er war eng mit dem Leben und Denken am Hofe verbunden, spielte eine zentrale Rolle im Mariendienst und diente als Sinnbild der Geliebten und ihrer Reize. Der Garten mit seinen Gewächsen als Symbolen irdischer Frauenschönheit war Refugium und Bühne der Liebe und wurde zu geruhsamer Erholung und gemeinsamen Spie-

links: Roseburg

Gartenhaus der Stiftsdamen im Kloster Drübeck

len genutzt. Zu seinen Bestandteilen gehörten Bäume, größere begehbare Grasflächen, Blumen, wie Rosen, Lilien und Veilchen, und zumeist ein Bach oder Brunnen sowie aus Erde aufgeschüttete Rasenbänke, Lauben und Rankgerüste. In den Darstellungen gotischer Kunst ist er als umschlossener Garten, als „hortus conclusus", abgebildet und oft von einer hohen, zinnengekrönten Mauer umgeben.

Obwohl die Burggärten in Sachsen-Anhalt genau wie die Klostergärten verschwunden sind, lassen sich in vielen Gärten der „Gartenträume" die mittelalterlichen Spuren zurückverfolgen. So existierten in jener Zeit bereits Burgen in Blankenburg (seit 1122), Hundisburg (seit 1140), Harbke (seit 1207) und Krumke (12. Jahrhundert), auch Burgscheidungen wurde schon Anfang des 10. Jahrhunderts zur Reichsburg erhoben. Die Grafenburg in Wernigerode entstand zwischen 1110 und 1120. Hier wird schon 1435 ein Tiergarten als spätmittelalterlicher Jagdpark erwähnt. Alle diese Anlagen jedoch wurden in späteren Jahrhunderten umfassend umgestaltet.

Gärten der Renaissance und des Barock des 16. bis 18. Jahrhunderts

Zum Ende des 15. Jahrhunderts kamen Impulse einer neuen Gartenkunst zunächst aus Italien. Jedoch fand das große Ordnungsgefüge italienischer Renaissancegärten vorerst wenig Anklang, da man weiterhin stark am introvertierten, kleinteiligen mittelalterlichen Garten festhielt und nur einzelne Gartenelemente aus Italien übernahm. Doch es waren nicht die Anregungen aus Italien allein. Auch aus Frankreich und Holland strömten neue Impressionen ein, sodass die gartenkünstlerischen Erscheinungen dieser Zeit in Deutschland ein vielfältiges Bild zeigten.

Krumke

Viele mittelalterliche Burgen in Sachsen-Anhalt wurden im 16. und 17. Jahrhundert umgestaltet und erneuert, so in Merseburg (1483–1665), Harbke (1572–1578) und Burgscheidungen (Anfang 17. Jahrhundert). In Hundisburg existierte im 16. Jahrhundert ein Lustgarten mit Knotenparterre, in Wernigerode gab es seit 1520 einen Weingarten am Schloss. Auch wurde hier der Lustgarten mit einem Lusthaus angelegt (1571–1606).

Zu den frühen und bedeutenden Adelsgärten in Sachsen-Anhalt gehört der 1610 errichtete fürstlich-braunschweigische Lustgarten zu Hessen, zwischen Halberstadt und Wolfenbüttel gelegen, der über die Landesgrenzen hinaus bekannt war. Leider ist dieser Garten nicht mehr erhalten, und diese Tatsache trifft auch auf die ursprüngliche Gestalt der Gärten am Köthener Wasserschloss zu, die durch Fürst Ludwig von Anhalt-Köthen im frühen 17. Jahrhundert angelegt worden waren.

Die Blüte der streng formalen barocken Gartenkunst kam in Deutschland mit einiger Verspätung erst nach 1680 zur vollen Entfaltung und wurde hauptsächlich von den Fürsten getragen. Um 1700 war Deutschland in mehrere hundert Herrschaftsgebiete gespalten. Das heutige Bundesland Sachsen-Anhalt gehörte zu sächsischen, anhaltischen, brandenburgischen, braunschweigischen und thüringischen Gebieten. Die in dieser Zeit in Sachsen-Anhalt entstandenen zahlreichen Barockgärten zeigen daher in ihrer Gestaltung entsprechend unterschiedliche kulturelle Einflüsse.

Für den Norden Deutschlands kamen diese vornehmlich aus Holland, häufig mit französischen Einflüssen durchsetzt, da die Niederlande selbst von Frankreich zunehmend beeinflusst wurden. Kennzeichnend für holländische Gärten waren u. a. die Anordnung einzelner Quartiere nebeneinander in einer Ebene und die Abgrenzung des Gartens durch Kanäle. Zudem waren Boskettes aus Obstgehölzen oder Gemüsequartiere innerhalb des Lustgartens keine Seltenheit. Ganz diesem Einfluss verhaftet ist Oranienbaum, wo Schloss, Garten und Stadt noch heute ein eindrucksvolles Ensemble bilden.

Bedeutend in der gartenkünstlerischen Tradition war weiterhin das Herzogtum Braunschweig, das schon in dem Garten zu Hessen eine bedeutende Anlage geschaffen hatte. Nun standen die Anlagen, die Herzog Anton Ulrich (1685–1714) und sein Sohn August Wilhelm (1714–1729) vor allem durch

Harbke

den Landbaumeister Hermann Korb (1656–1735) errichten ließen, im öffentlichen Mittelpunkt. Unter holländisch-französischem Einfluss entstand ab 1688 der Garten in Salzdahlum, der mit dem Neubau des Schlosses eine untrennbare Einheit bildete und ein Jahrhundert später fast spurlos verschwand. Zum unmittelbaren Einflussbereich der Braunschweiger Herzöge gehörten auch die Residenzgärten in Blankenburg, und bei dem weitaus bedeutendsten der mit dem Braunschweiger Hof verbundenen Adelssitze, bei Schloss Hundisburg, stellte Herzog Anton Ulrich dem Bauherren Johann Friedrich von Alvensleben sogar seinen Architekten, seine Künstler und seine eigenen, in Salzdahlum gesammelten Erfahrungen für den Umbau der Burg zur Verfügung.

Bei all den nach Deutschland strömenden Vorbildern aus Italien, Holland und Frankreich ist nicht zu vergessen, dass die Gartenkunst sich auch durch örtliche Leistungen und landschaftliche Besonderheiten weiterentwickelte. Vor diesem Hintergrund ist besonders die Anlage in Burgscheidungen zu betrachten, die, ab 1724 nach Plänen von David Schatz angelegt, eine sehr eigenwillige Lösung der schwierigen Terrainlage zeigt.

In der Spätphase des Barock, dem Rokoko, beginnen die Gärten eine spielerische Bewegtheit zu zeigen. Die symmetri-

Schloss Mosigkau

sche Strenge und die straffen geometrischen Figuren beginnen sich aufzulösen. Als weiteres Stilmerkmal des Rokoko fallen die chinesischen Bauten auf, die in kaum einem Garten fehlen durften, so auch nicht in einem der wenigen noch erhaltenen Rokokoensembles in Mosigkau bei Dessau.

Insgesamt betrachtet, existieren heute in Sachsen-Anhalt kaum noch Gärten des Barock und Rokoko in ihren vollständigen originalen Raumkompositionen. Einer der Gründe dafür liegt in der relativ leichten Wandelbarkeit von Gartenkunstwerken, die sich – einfacher als Bauwerke – entsprechend den wechselnden Anforderungen an die Gestaltung umformen lassen.

Landschaftsparks des 18. und 19. Jahrhunderts

Tangerhütte, Stadtpark

Die frühe Phase der landschaftlichen Gartengestaltung ab Mitte des 18. Jahrhunderts ist Ausdruck des sich wandelnden Naturgefühls in Übereinstimmung mit den Idealen der Aufklärung. „Zurück zur Natur" lautete der Ruf Jean-Jacques Rousseaus, der zum Grundsatz einer Epoche wurde, in der das kleine Fürstentum Anhalt-Dessau an der Spitze einer geistig-kulturellen Bewegung stand.

Fürst Leopold III. Friedrich Franz von Anhalt-Dessau (1740–1817) und der Architekt und Freund des Fürsten Friedrich Wilhelm von Erdmannsdorff (1736–1800) übertrugen ihre auf Reisen gewonnenen Eindrücke insbesondere aus England und Italien auf die Garten- und Landschaftsgestaltung des im Entstehen begriffenen Gartenreiches Dessau-Wörlitz. Hier verschmolzen Naturgefühl, humanistische Ideale und Kunstempfinden zu einem neuen Ganzen. Die Gärten bildeten keine abgeschlossene Einheit mehr zum bloßen Zwecke höfischer Repräsentation, sondern verbanden sich mit der freien Landschaft, den weidenden Tieren und arbeitenden Menschen zu einem komplexen Landschaftsbild und verknüpften das „Schöne mit dem Nützlichen". Die Gestaltungen hatten die Natur zum Vorbild, waren integraler Bestandteil der Naturlandschaft und wurden zugleich von ökonomischen Gesichtspunkten beeinflusst. Die Nutzung der nach den Kompositionsprinzipien der in Mode gekommenen Landschaftsmalerei gestalteten Landschaft wurde zugleich als qualitätsvolles Element des Landschaftsbildes begriffen. Architekturen und bildkünstlerische Elemente wurden in die Parks und die Landschaft gleichsam „hineingemalt" und bildeten vorbeiziehende Wegebilder und Blickpunkte von Sichtachsen. So nahm die früheste zusammenhängende Landschaftsgestaltung auf europäischem Festland in Wörlitz ihren Anfang.

Begonnen wurde dieses Landschaftsideal des Fürsten Franz 1764 mit der Umgestaltung des barocken Wörlitzer

Eiche im Park von Briest

Rhododendronblüte in Wörlitz

Schlossgartens. Es fand um 1800 mit den Neuen Anlagen in Wörlitz seinen Abschluss. Parallel dazu entstanden weitere Anlagen im Gartenreich: das Luisium (1774–1795), der Sieglitzer Berg (1777–1793), das Georgium (1780–ca. 1800) und der Landschaftspark Großkühnau (1805–ca. 1820).

Zu den frühen Beispielen bewusster landschaftlicher Gestaltungen gehört auch der Landschaftspark Spiegelsberge, den der Halberstädter Domdechant Ernst Ludwig Christoph Spiegel (1711–1785) durch artenreiche Aufforstung „zurück zur Natur" führte. Auch im Landschaftspark Dieskau entstand eine den Geist der Aufklärung widerspiegelnde weiträumige Anlage.

Dank des diplomatischen Geschicks des Fürsten Franz hinterließen die deutsch-französischen Kriege kaum Spuren in den Anlagen des Gartenreiches. Anders in Magdeburg: Die kleinen Bürgergärten waren im Krieg ebenso zerstört worden wie die Ausflugsziele der Magdeburger. So wurden z. B. die Pflanzungen am Herrenkrug zur Tilgung der Kriegsschulden abgeholzt. Aus diesem Verlust entstand die Idee zur Anlage eines Volksgartens, die ab 1824 in die Tat umgesetzt wurde.

Neben den landschaftlichen Neugestaltungen des 18. und 19. Jahrhunderts wurden auch viele barocke Anlagen in dieser Zeit überformt oder erweitert. In Hundisburg beispielsweise war bereits vor 1782 unter Gebhardt August von Alvensleben eine englische Partie im Boskettbereich seines barocken Gartens angelegt worden. Nachdem der Unternehmer Nathusius Anfang des 19. Jahrhunderts das Kloster Althaldensleben und die Hundisburg erworben hatte, verband er beide mit einem Landschaftspark. In Langenstein, nicht Teil der „Gartenträume", hingegen beauftragte der Oberamtmann August Wilhelm Rimpau 1857 den Garteninspektor Eduard Petzold (1815–1891) mit der Planung eines Landschaftsparks. Bemerkenswert an dieser landschaftlichen Anlage ist die Einbeziehung der früheren formalen Hauptachse des ehemaligen Lustgartens.

Bezeichnend für das 18. und 19. Jahrhundert ist auch die zunehmende Verwendung seltener und fremdländischer Gehölze. So entwickelte sich in Harbke die u. a. von Goethe gelobte sogenannte Wilde Baumzucht, die große Bedeutung für die Belieferung der entstehenden Landschaftsgärten hatte. In Harbke selbst wurden die Lustwälder „botanisch" gestaltet und enthielten Pflanzungen mit Namen wie „Florida" oder „Ukraine". Auch im Althaldensleber Landschaftspark fand eine Vielzahl verschiedener Baumarten in die Gestaltung Eingang, und für den Magdeburger Herrenkrugpark wies ein 1900 herausgegebenes Verzeichnis 622 Gehölzarten aus. Mit der Begeisterung für botanische Besonderheiten einhergehend, erfuhr der Botanische Garten in Halle, der 1698 als

Diana, Sieglitzer Berg

Hortus medicus entstanden war, im späten 18. Jahrhundert einen großen Aufschwung.

In vielen Gärten lassen sich noch heute botanische Kostbarkeiten und eindrucksvolle Baumveteranen bewundern, wenn auch die Artenvielfalt durch Überalterung und fehlende oder veränderte Nachpflanzungen meist stark zurückgegangen ist. Der Erhalt und die Fortentwicklung dieser Bestände auf der Grundlage historischer Gestaltung ist somit ein wichtiger Teil der gartendenkmalpflegerischen Wiederherstellungen der kommenden Jahre.

Das frühe 20. Jahrhundert

Um 1900 bestand zunächst noch der gemischte Stil des späten 19. Jahrhunderts weiter, der von Peter Joseph Lenné und Gustav Meyer entscheidend geprägt und in Meyers „Lehrbuch der schönen Gartenkunst" propagiert wurde. Dieser Stil zeichnete sich durch die Verwendung geometrischer Formen in kleineren hausnahen Gartenbereichen und die Bevorzugung einer landschaftlichen Gestaltung in größeren hausferneren Parkanlagen aus. Die geometrischen Gartenteile verwendeten in ihrer vom Historismus geprägten Formensprache gern Elemente verschiedener historischer Stile, die oft auch gemischt zur Anwendung kamen.

Neben Neuanlagen wurden bestehende Anlagen im späten 19. Jahrhundert im Stil des Historismus umgestaltet. Dies trifft beispielsweise auf die Terrassengärten in Wernigerode zu, die zusammen mit dem Schloss von Carl Frühling zum Ende des 19. Jahrhunderts überarbeitet und dem Geschmack der Zeit angepasst wurden. In Tangerhütte bestanden schon an der 1873/74 erbauten Alten Villa ursprünglich geometrische Anlagen, die mit dem anschließenden Landschaftspark korrespondierten. Eine Erweiterung und Ergänzung ihres gemischten Stils erfuhr diese Anlage mit Errichtung der Neuen Villa um 1909. Der typische Stilpluralismus des Historismus zeigt sich in seiner Endphase stark überspitzt in der exzentrisch geprägten Anlage der Roseburg in Rieder, die ab 1908 entstand.

Auch das Rosarium Sangerhausen entstand 1903 noch im gemischten Stil mit einem geometrischen und einem weiteren landschaftlichen Teil mit geschwungenen Wegen. Die Anlage des Rosariums ist hierbei zugleich Ausdruck und Höhepunkt für die um 1900 verstärkt in Mode kommenden Rosengärten. Schon seit Anfang des 19. Jahrhunderts waren diese Sondergärten durch die einsetzende Rosenzüchtung und die neu erhältlichen Rosensorten beliebt geworden. Im kleinen Rahmen wurden Rosengärten neben dem Rosarium in anderen Park- und Gartenanlagen gestaltet, so im Kloster Drübeck

Terrassengärten Wernigerode (links)

Rosengarten im Kloster Drübeck

Degenershausen

und im Amtsgarten in Halle. Rosengärten tauchten sowohl in den regelmäßigen Bereichen der gemischten Anlagen als auch in den im frühen 20. Jahrhundert aufkommenden architektonischen Gärten auf.

Genauso wurde das Alpinum als Gestaltungselement und Sondergarten zu Anfang des 20. Jahrhunderts gerne in bestehende oder neue Anlagen eingebracht, so im Schlosspark Krumke, im Botanischen Garten Halle um 1910 und in den 1920er Jahren in das Rosarium Sangerhausen.

Ab 1900 und verstärkt ab 1910 ist in der Gartengestaltung ein Wechsel zum architektonischen Stil feststellbar. Seine verstärkte Ausprägung hatte dieser Gartenstil in England schon im ausgehenden 19. Jahrhundert mit Vertretern der Reformbewegung wie Reginald Bloomfield. Von hier aus fand er auch seinen Weg nach Sachsen-Anhalt. In Gang gebracht wurde die Reform überwiegend durch Architekten. Dies führte zum Konkurrenzkampf zwischen ihnen und den bis dahin überwiegend der Lenné-Meyer'schen Schule verhafteten Gartengestaltern und ging mit der Herausbildung des Berufsstandes der Garten- und Landschaftsarchitekten einher, der sich zunehmend der Reformbewegung anschloss.

Der überwiegend in Berlin tätige Architekt Hermann Muthesius beispielsweise wurde in seinen Arbeiten stark vom englischen architektonischen Landhaus und der dazugehörigen Gartengestaltung beeinflusst, die er bei seinen Englandaufenthalten bis 1903 studiert hatte. So entstand um

1910 sein Landhausgarten für den Geschäftsmann Dryander in Gerbstedt/OT Zabitz mit einem durch Mauern architektonisch in Räume geteilten Garten. Auch Paul Schultze-Naumburg als Vertreter des architektonischen Stils in der Gartengestaltung forderte schon 1902 im zweiten Band seines Buches „Kulturarbeiten" die praktische Benutzbarkeit des Gartens als Erweiterung des Hauses. Dementsprechend entstanden ab 1902 die Gartenanlagen an der von Schultze-Naumburg gegründeten Künstler- und Architektenschule in Bad Kösen-Saaleck. Beide Gärten, die in Gerbstedt und Bad Kösen, gehören jedoch nicht zum Projekt „Gartenträume".

Der Ruf nach mehr Nutzbarkeit und Zweckmäßigkeit beeinflusste auch die öffentlichen Parkanlagen. Nicht mehr der repräsentative Charakter malerischer Spazierwege des 19. Jahrhunderts war erwünscht, sondern vielmehr die Möglichkeit zur verstärkten körperlichen Ertüchtigung und Erholung in den rasch wachsenden Städten um die Jahrhundertwende. In den neu entstehenden Volksparks traten große betretbare Spiel- und Liegewiesen, Blumen- und Sondergärten, Kinderspielplätze, Turnplätze und Sportwiesen in den Vordergrund. Bestehende Anlagen wurden der Zeitströmung entsprechend umgewandelt und erweitert, so in Halle Reichardts Garten (1902/1926) oder der seit dem 17. Jahrhundert bestehende Amtsgarten.

Nach Machtergreifung der Nationalsozialisten verloren einige bislang in der Gartenkunst bedeutsame Persönlichkeiten ihren Einfluss: Der Gymnasialprofessor Ewald Gnau beispielsweise widersetzte sich als Leiter des Rosariums Sangerhausen der Gleichschaltung und legte aus Protest seine Ämter nieder. Bruno Taut, von 1924 bis 1932 Stadtbaumeister in Magdeburg, wurde 1933 zur Emigration gezwungen. Mit dem Einsetzen und Fortschreiten des Zweiten Weltkrieges kam dann die Weiterentwicklung der Gartenkunst vollständig zum Erliegen.

Halle, Amtsgarten

Die Entwicklungen seit 1945

Die Auswirkungen der Nachkriegszeit sind in fast allen erhaltenen historischen Garten- und Parkanlagen spürbar. Direkte Kriegszerstörungen waren in den ländlichen Anlagen Sachsen-Anhalts vergleichsweise gering. In städtischen Anlagen jedoch, so im Botanischen Garten in Halle oder in den Parkanlagen in Magdeburg, kam es zu starken Schäden. Insgesamt gab es aber vergleichsweise wenig Substanzverluste in Sachsen-Anhalt. Eher trafen diese nach den Plünderungen und Zerstörungen der Nachkriegszeit das Inventar. So kam es auch zur Zerstörung der Rosenkartei in Sangerhausen und zum Brand in Schlössern wie der Hundisburg.

In der Goitzsche

Im Zuge der Bodenreformverordnung von 1945 setzten umfangreiche Enteignungen ein. Nach einer Aufforderung vom 22. August 1947 sollten die ehemaligen Gutshöfe aufgeteilt und ungenutzte Gebäude abgerissen werden. Dieser ideologisch geleitete Abbruch vieler Schlösser und Herrenhäuser wurde jedoch durch die soziale Umnutzung zu Kinderheimen, Pflege- und Krankenhäusern, Altenheimen (z. B. Stadtpark Tangerhütte), Schulen (z. B. Schloss Dieskau) und LPGen (z. B. Roseburg in Rieder) häufig verhindert, sodass die Anlagen in ihren Grundstrukturen erhalten blieben. Oft ist es dem Einsatz einzelner Denkmalpfleger in Sachsen-Anhalt zu verdanken gewesen, dass sich der Abriss zumindest auf dem Lande in Grenzen hielt.

Verluste ergaben sich nach 1949 meist nicht mehr durch Abriss, sondern eher durch fehlende finanzielle Mittel und aufgegebene oder veränderte Nutzungen, wie bei den Schlössern in Harbke und Hundisburg. Seit den 1950er Jahren wurden mit der Kulturparkbewegung zudem viele Anlagen zur „kulturellen Nutzung" durch die arbeitende Bevölkerung umgestaltet, so der Rossner-Park in Zeitz oder der Klosterberggarten und der Rotehorn-Park in Magdeburg. Beliebte Einbauten in bestehende Parkanlagen waren Freilichtbühnen (z. B. Gardelegen), Sportanlagen (z. B. Hundisburg), Tiergehege (z. B. Spiegelsberge) und Schwimmbäder (z. B. Harbke). Diese Neugestaltungen nahmen im Allgemeinen wenig Rücksicht auf denkmalpflegerische Zielsetzungen. Angestrebt waren die Förderung von Erholung, Bildung und Kultur, die Steigerung der Attraktivität für die Bevölkerung und die Schaffung von Möglichkeiten für Großveranstaltungen. Abgelegene Parkteile wurden aufgrund fehlender finanzieller, materieller und personeller Kapazitäten häufig kaum noch gepflegt und verwilderten.

Nach Gründung des Instituts für Denkmalpflege in den 1960er Jahren und besonders seit 1975 nach Verabschiedung eines neuen Denkmalpflegegesetzes der DDR fanden in historischen Garten- und Parkanlagen Wiederherstellungen und meist auch Rekonstruktionen statt. Jedoch erfuhren nur einige ausgewählte Anlagen wie die Schlossgärten in Blankenburg, Ballenstedt und Merseburg und die Kuranlagen Bad Lauchstädt diese besondere Beachtung.

Durch ungeklärte Eigentumsverhältnisse oder die Schließung von sozialen Einrichtungen aufgrund gestiegener technischer Anforderungen kam es nach der politischen Wende oftmals zum Leerstand der Gebäude. Hierdurch ergaben sich in den ohnehin sanierungsbedürftigen dazugehörigen Parkanlagen Stillstand in der Parkpflege, beschleunigter Verfall und Verwilderung. Waren die Eigentumsverhältnisse geklärt, setzten seit Beginn der 1990er Jahre jedoch auch verstärkt Wiederherstellungen in den Park- und Gartenanlagen ein, so z. B. in Tangerhütte, Hundisburg, Blankenburg oder den Anlagen um Dessau und in Magdeburg.

Die Entwicklung des Projektes „Gartenträume – Historische Parks in Sachsen-Anhalt" hat seit seiner Initiierung im Jahr 2000 die Wiederherstellung historischer Parks und Gärten im Land und ihre Bekanntmachung entscheidend befördert. In vielen Anlagen konnten die Parkeigentümer in enger Zusammenarbeit mit dem Landesamt für Denkmalpflege Sachsen-Anhalt, dem 2003 aus der Taufe gehobenen Verein Gartenträume e. V. sowie mit vielen Fördervereinen und engagierten Mitstreitern vor Ort umfangreiche Wiederherstellungen und denkmalpflegerisch fundierte innovative Neugestaltungen durchführen. Auch künftig kann man auf die Gartengestaltung in Sachsen-Anhalt gespannt sein.

Seite 20/21: Bad Lauchstädt

Herrenbreite Aschersleben

*Frühling läßt sein blaues Band
Wieder flattern durch die Lüfte
Süße, wohlbekannte Düfte
Streifen ahnungsvoll das Land ...*

(Eduard Mörike)

Osterburg

Schloss und Schlosspark Krumke

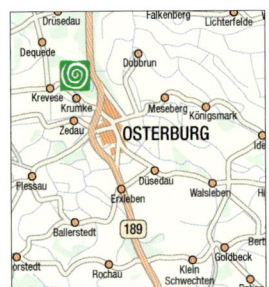

Krumke mit seinem elf Hektar großen, an der Biese gelegenen Landschaftspark erreicht man über kleine, zum Teil von Kopflinden gesäumte Landstraßen oder über die geschützte Lindenallee (Lutherallee) von Osterburg. Im Ort angekommen, eröffnet sich das Ensemble eines alten Gutsdorfes aus Kirche, Schloss mit Schlossgarten und Gutshof am zentralen Dorfplatz. Von hier gelangt man durch das aufwendigste der schmiedeeisernen Tore in den Park.

Eine Burg wurde in Krumke schon im 12. Jahrhundert erwähnt. Ein erster Lustgarten existierte bereits Ende des 16. Jahrhunderts. Hiervon zeugt heute noch die fast 400-jährige Buchsbaumhecke südlich der Orangerie im Park, die im Baumführer Deutschlands als älteste ihrer Art in Europa verzeichnet ist.

1649 erwarb die Familie von Kannenberg das Gut Krumke, errichtete die heutige Orangerie und ließ eine barocke Parkanlage durch den französischen Lustgärtner Charles Lanon (1635–1719) anlegen. Geschnittene Eiben und Buchsbäume gehörten ebenso zur Gestaltung der geometrischen, auf die Burg ausgerichteten Barockanlage wie Orangen- und Zitronenbäumchen, Alleen und Boskett. Das heute mit einem Gitter verschlossene, ehemalige barocke Haupttor an der Ostseite des Parks mit Sichtachse zum Schloss lässt diese barocke Anlage noch erahnen. Romantisch-verwunschen

Schloss in Krumke

Schmiedeeisernes Tor zum Park und Orangerie (links)

präsentieren sich die verschiedenen Plastiken im Park, insbesondere der auf einem Weinfass reitende Bacchus im überwachsenen Orangeriegarten.

Die Familie von Kahlden übernahm 1762 die Krumker Anlage. Davon zeugen die steinernen Schmuckvasen mit dem Monogramm Rudolf von Kahldens (1820–1862) auf dem Osttor. Auf dem nahe gelegenen Dorffriedhof befindet sich das Grab Leopold Wilhelm Ferdinand von Kahldens, der 1937 aus dem Parkmausoleum hierher umgebettet wurde. 1850 ließ Rudolf von Kahlden die alte Burg abreißen, den Burggraben verfüllen, einen neogotischen Schlossbau errichten und einen Landschaftspark anlegen (1854–1860).

Weitere Umgestaltungen erfolgten im Krumker Park nach abermaligem Besitzwechsel. Arthur von Gwinner, der dama-

Imposante Bäume rahmen üppige Parkwiesen.

Anschrift

Parkstraße
39606 Hansestadt Osterburg
OT Krumke (am Fluss Biese)

Eigentümer

Park: Hansestadt Osterburg
Schloss: Privatbesitz

Öffnungszeiten

Park ganzjährig frei zugänglich,
Schloss nicht zu besichtigen

Anreise mit ÖPNV

Bus vom Bhf. Osterburg (5 km entfernt), z. T. Rufbusse

Anreise mit PKW

B 189 nordwestlich Osterburgs Richtung Krevese (L 9), nach ca. 1200 m links nach Krumke entlang Schlossstraße bis zur Parkstraße, an der Parkstraße Parkplatz und Haupteingang des Parks einschließlich Wendemöglichkeit für Busse

Fahrrad-/Reitrouten

Krumke ist in den Altmark-Rundkurs (Route Salzwedel–Havelberg) und in ein Reiterwegenetz eingebunden. Radwanderweg von Osterburg durch die Lutherallee

Führungen

vermittelt die Stadtinformation
Tel.: (0 39 37) 89 50 12

Veranstaltungen

Osterfeuer, Rhododendron- und Parkfest im Mai/Juni, Nikolausmarkt am Samstag vor dem 2. Advent sowie Kunst, Kultur und Kulinarik im Kavaliershaus-Café

Informationen

Stadtinformation Osterburg
Großer Markt 10
39606 Osterburg
www.osterburg.de

Gastronomie/Angebote

Kultur-Café im Kavaliershaus
www.kavaliershauskrumke.de,
öffentliche Gaststätte im Reiterhof in Krumke, Fremdenzimmer in der Umgebung

A   Schloss
B   Kutscherhaus
C   Kavaliershaus
D   Sondergarten
E   Orangerie
F   Orangeriegarten
G   Steinkabinett
H   Ehemaliges barockes Tor
I   Biesebrücke
J   Steg
K   Karpfenteich
L   Alter Schlossgraben
M   Schlosswiesen
N   Neuer Garten
O   Festwiese
P   Rosengarten
Q   Alpinum
R   Neues Gärtnergebäude
S   Goethe-Gedenkstein

Eine Blutbuche bringt Farbe ins Frühjahrsgrün.

lige Generaldirektor der Deutschen Bank, renovierte 1911 Schloss und Park, erweiterte den Karpfenteich, legte die dortigen Inseln an und baute eine neue Brücke über die Biese. Westlich des Schlosses ließ von Gwinner zudem ein Alpinum und eine Sportanlage mit Tennisplätzen und Schießstand errichten. Eine Kopie des Gedenksteines von Goethes Gartenhaus an der Ilm in Weimar platzierte er im Eichenwäldchen westlich des Schlosses. Das Steinkabinett im Nordosten des Parks baute er für seine Gesteins- und Mineraliensammlung um.

Nach dem Krieg war das Schloss Durchgangsheim für rückkehrende Kriegsgefangene, bevor es als TBC-Erholungsheim, als Rehabilitationsschule für medizinisches Personal, ab 1965/66 als Altersheim und schließlich bis 1990 als Kinderkurheim genutzt wurde. Der Park verfiel. Anfangs war sogar geplant, ihn unter Einzelsiedlern aufzuteilen. Dies wurde glücklicherweise durch den Dorfschullehrer Parisius verhindert. Das Mausoleum im Fichtenbestand südöstlich der Orangerie jedoch wurde in den 1970er Jahren abgerissen. Allerdings verstärkten sich zu dieser Zeit auch die Pflege- und Aufräumarbeiten im Park. Im Zuge dessen wurde beispielsweise der sogenannte Neue Garten am Kutscherhaus angelegt.

Der Park behielt bis heute einen hohen Anteil originaler Bauwerke und Altbäume. Er zeichnet sich neben der 400-jährigen Buchsbaumhecke durch verschiedene interessante

> **Sehenswürdigkeiten in der Umgebung**
>
> Dorfkirche mit hölzernem Kanzelaltar, Feldsteinkirchen in umliegenden Orten, Flussbad und Bootsverleih in Osterburg an der Biese

Café im Kavaliershaus

Baumriesen aus. Ein Spaziergang durch den an Frühlingsblühern reichen waldartigen Parkteil oder im Mai durch die Rhododendronblüte lockt viele Besucher nach Krumke. Blutbuchen, Sumpfzypressen und Ginkgo bringen im Herbst Farbe und Stimmung in den Park.

Zwischen Kübelpflanzen stehen Relikte der barocken Parkanlage.

Steinkabinett

Gardelegen

Wallanlagen

Die Wallanlagen in Gardelegen sind die besterhaltenen und vollständigsten ihrer Art in Sachsen-Anhalt. Sie haben ihre Anfänge im Mittelalter und wurden als städtische Anlage zum Selbstschutz angelegt und erst nach ihrer Schleifung im 19. Jahrhundert in eine Parkanlage verwandelt. Erhalten sind noch heute die typische Reliefausbildung, der umlaufende lindenbestandene Promenadenweg, der Stadtsee als Überbleibsel des ehemaligen Wallgrabens sowie Reste der alten Stadtmauer mit Toren.

Die Anlagen, die sich als grüner Ring um den historischen Stadtkern Gardelegens legen, werden nur durch die traditionellen vier Hauptzufahrtsstraßen zum Stadtzentrum durchbrochen. An diesen Stellen markieren noch heute die ehemaligen drei Stadttore oder die Überreste derselben den Eingang zur Stadt. Die enge Verknüpfung zwischen Wallanlagen und Stadt ergibt sich zudem aus den markanten Gebäuden der Altstadt, wie beispielsweise der Nikolaikirche oder verschiedenen Bürgerhäusern, die interessante Blickpunkte von der Wall-Promenade bilden.

Wegen der Wallanlagen blieb der historische Stadtkern in seiner ursprünglichen und markanten Form bestehen und verwischte nicht durch spätere städtebauliche Entwicklungen außerhalb der Stadttore. Die seit 1300 bestehende Stadtmauer wurde um 1550 verstärkt, um die durch den Export des Garley-Bieres zu Reichtum gelangte Stadt besser schützen zu können. Dies hatte zur Anlage von Gräben und Wällen vor der alten Stadtmauer geführt, die zusätzlich durch Palisaden verstärkt waren. Große, neue und repräsentative Vortore mit

*Lauschiger Birkenweg in den Wallanlagen
(Foto: Bernd Wolterstorff)*

- **A** Salzwedeler Tor
- **B** Stadtmauerreste
- **C** Nikolaikirche
- **D** Tiergehege
- **E** Elf Linden
- **F** Rosengarten
- **G** Rathaus, Touristinformation
- **H** Immergrüner Garten
- **I** Marienkirche
- **J** Stadtgraben
- **K** Staudengarten
- **L** Magdeburger Tor
- **M** Sportplatz
- **N** Stendaler Tor

Anschrift
39638 Gardelegen

Eigentümer
Stadt Gardelegen

Öffnungszeiten
Ganzjährig frei zugänglich

Anreise mit ÖPNV
Bhf. Gardelegen, die Bahnhofstraße vom Bhf. Richtung Altstadt führt nach ca. 850 m an die Wallanlagen am Magdeburger Tor, Bus aus Magdeburg, Salzwedel oder Klötze

Anreise mit PKW
Über die B 188 aus Richtung Wolfsburg, über die B 71 aus Richtung Magdeburg und Salzwedel bis ins Altstadtzentrum, Parkleitsystem beachten, kostenlose Parkmöglichkeiten am Holzmarkt, am Postparkplatz oder am Parkplatz Schillerstraße (Tivoliplatz)

einem Schleusensystem wurden vor die mittelalterlichen Stadteinlässe gesetzt. So entstanden das Salzwedeler, das Magdeburger und das Stendaler Tor. Durch das Schleusensystem konnte das Wasser des Stadtgrabens reguliert werden, sodass bei Gefahr die Gräben innerhalb weniger Stunden geflutet und bis zu 300 Meter Überschwemmungsfläche vor den Wällen erzeugt werden konnten.

Erste Schleifungen dieser Befestigungsanlagen erfolgten schon ab 1658 mit dem teilweisen Verfüllen von Gräben und der Einebnung einiger Wälle. In der Folge verfielen die Anlagen bis zum Anfang des 19. Jahrhunderts. Danach wurde auf den Wällen zunächst eine Obstbaumallee gepflanzt, die Friedhöfe der Nikolai-Kirche und der Marienkirche wurden auf den Wall verlegt. Gleichzeitig wurde das Land der Erdwälle vor den Toren der Stadt landwirtschaftlich und gärtnerisch in Pacht von den Bürgern der Stadt genutzt. Auch kümmerte sich ein städtischer Verschönerungsverein, dem der Bürgermeister vorstand, um die Flächen.

Mit der Erweiterung Gardelegens vor die Tore der Stadt und der Schließung der Friedhöfe auf den Wällen wurde ab 1880 der Plan verfolgt, die Wallanlagen zu einer gestalteten Promenade werden zu lassen. Ein langlebiger Promenadenweg entstand damals durch die Neupflanzung der doppelreihigen Lindenallee. Auch wurden die immer noch dominierenden Gemüsegärten und Obstplantagen auf den Dämmen schrittweise aufgegeben. Der Bau neuer Straßen außerhalb des Stadtkerns (heutige Schillerstraße und Goethestraße)

Salzwedeler Tor

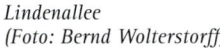
Lindenallee
(Foto: Bernd Wolterstorff)

grenzte die Wallanlagen in ihrer räumlichen Ausdehnung ins Umland ein.

Als grüne Promenade entwickelten sich die Wallanlagen zum Inbegriff für Gardelegen und standen im öffentlichen Interesse. Bis 1945 war der Schutz der Wallanlagen sogar städtisch angestellten Wallwächtern übertragen. Gepflegt wurden die Anlagen durch den Stadtgärtner, unterstützt durch Hilfskräfte aus der wandernden Handwerkerschaft, die durch die Pflegearbeiten auf dem Wall ihre Abendsuppe verdienten.

Zur Weiter- und Umgestaltung der Wallanlagen für die aktive Freizeitnutzung kam es ab 1952. Es entstanden eine Freilichtbühne, ein Sportplatz, ein Aufmarschplatz und ein Heimtiergehege. Gleichzeitig kam es zur Neuanlage eines aufwendigen Rosengartens am Lausebach hinter dem Stendaler Tor, der als Musterbeispiel der Leistungen der Aufbauwerk-Bewegung galt. Er wurde jedoch Mitte der 1970er Jahre in einen mit Sträuchern, Stauden und Bodendeckern gestalteten „Immergrünengarten" umgewandelt. Die alleegesäumte Promenade hat bis heute ihre eindrucksvolle Wirkung bewahrt. Baumsanierungen sollen sie auch in Zukunft erhalten.

Fahrrad-/Reitrouten
Anschluss an den Altmarkrundkurs und Milde-Biese-Weg sowie an das Reitwegenetz (Kartenmaterial in der Tourist-Information)

Führungen
„Gartentraumführung" rund um die Wallanlage ca. 2 Stunden, 3,– € pro Person, mindestens aber 35,– €

Veranstaltungen
Regelmäßige Konzerte in der Marienkirche und gelegentlich in der Nikolaikirche, Freiluftveranstaltungen auf dem Gelände am Magdeburger Tor und viele weitere attraktive Veranstaltungen in Gardelegen und Umgebung

Informationen
Tourist-Information
Salzwedeler-Tor-Straße 34
39638 Gardelegen
Tel.: (0 39 07) 1 94 33
gardelegeninfo@freenet.de
www.gardelegen.info

Gastronomie/Angebote
Gaststätten und Cafés im Altstadtkern von Gardelegen

Sehenswürdigkeiten in der Umgebung
Mittelalterlicher Stadtgrundriss mit Rathaus, Rathausplatz, Kirchen, Stadtmuseum und Bürgerhäusern in Gardelegen, eigene Bierbrauerei mit Gardelegener Bier, Mahn- und Gedenkstätte, Gut Zichtau mit seinem Park und seinen Gärten, Landschaftspark Weteritz, Naherholungsgebiete Lindenthaler Forst und „Kämmereiforst", Feldsteinkirchen in Dörfern der Umgebung (z. B. Engersen, Wiepke), Jagdschloss Letzlingen, Kloster Neuendorf, Wassermühle Wiepke

Tangerhütte
Stadtpark

Anschrift
Birkholzer Chaussee
39517 Tangerhütte

Eigentümer
Stadt Tangerhütte

Öffnungszeiten
Park ganzjährig frei zugänglich
Alte Villa für Besucher geschlossen (Privatbesitz)
Neue Villa nur zu Veranstaltungen geöffnet oder auf Anfrage
Tel.: (0 39 35) 2 82 36
(01 72) 3 24 52 86

Anreise mit ÖPNV
Bhf. Tangerhütte, ca. 1,5 km Fußweg (teilweise beschildert), keine Busverbindung

Anreise mit PKW
Über die B 189 von Stendal/Magdeburg, Abzweig „Tangerhütte", vom Ortszentrum Tangerhütte nach Osten über die Südtangente Richtung Grieben, Abzweig von der Südtangente zum Neuen Schloss, Parkmöglichkeiten vorhanden

Fahrrad-/Wanderrouten
Der Altmarkradwanderkurs verläuft durch Tangerhütte, ein Abstecher zum Park ist zu empfehlen.

Die Entstehung des Stadtparks Tangerhütte ist eng mit der Entwicklung der Eisenhütte verbunden, die 1842 die Magdeburger Kaufleute Wagenführ und Helmecke und der Unternehmer Kayser in Vaethen gründeten. An den Park grenzend, deuten noch heute Straßennamen (Wagenführstraße, Industriestraße, Gießereistraße, Haldenweg) und stark sanierungsbedürftige Industriebauten auf diese Entstehungsgeschichte. Hier befand sich auch das inzwischen abgerissene erste Wagenführsche Wohnhaus. Verhüttet wurde der anstehende Raseneisenstein. Die industrielle Bedeutung der Hütte führte 1928 sogar zur Umbenennung des Ortes Vaethen in Tangerhütte.

Zwischen 1870 und 1880 ließ Franz Wagenführ einen zwölf Hektar großen Park vor den Toren der Eisenhütte anlegen, den 1873/74 der Bau der schlossartigen „Alten Villa", auch „Altes Schloss" genannt, ergänzte.

Die Parkanlage wurde im gemischten Stil der Lenné-Meyer'schen Schule mit landschaftlichen Parkbereichen und hausnahen formalen Gärten angelegt. Erweitert wurde sie 1883 durch ein Mausoleum, einen künstlichen Wasserfall und einen Gedenkstein für Franz Wagenführ, der im gleichen Jahr verstorben war. Weitere Kleinarchitekturen kamen in der Folgezeit hinzu, so der Eisenkunstgusspavillon, der zur Pariser Weltausstellung 1889 von der Eisenhütte am Tanger angefertigt worden war.

Der Blick schweift zur romantischen Pergola am Schwanenteich.

A	Neues Schloss	G	Deckelvasenrondell	N	Festwiese	S	Altes Schloss/Alte Villa
B	Mausoleum	H	Landarbeiterhäuser	O	Pergola am	T	Ehemaliges Modellhaus
C	Ehrenhof	I	Wasserfall		Schwanenteich	U	Ehemalige Gießerei
D	Neues Parterre	J	Schwanenteich	P	Wagenführ-Gedenkstein	V	Ehemaliges Bürohaus
E	Pergola im Neuen	K	Kunstgusspavillon	Q	Ostparterre	W	Eiskeller
	Parterre	L	Wohnhäuser 60er-Jahre	R	Westparterre mit	X	Reitställe
F	Kleiner Teich	M	Beamtenhäuser		Vierpassbrunnen		

Führungen

Parkführungen auf Anfrage
Tel.: (0 39 35) 2 82 36
(01 72) 3 24 52 86

Ausstellungen

Zum Tag des offenen Denkmals und zum Parkfest wechselnde Ausstellungen im Neuen Schloss

Veranstaltungen

Park- und Schützenfest auf der „Festwiese", Konzerte und Lesungen im Neuen Schloss, Frühlingserwachen und Herbstreigen (jährlich am 3. Oktober)

Angebote

Trauungen im Neuen Schloss

Der zentrale Wasserfall

Der Eisenkunstgusspavillon (hinten im Bild) wurde einst auf der Pariser Weltausstellung gezeigt.

1889 heiratete die Witwe Marie Wagenführ in zweiter Ehe Ferdinand Rudolf Curt v. Arnim, der 1909/11 eine weitere prunkvolle „Neue Villa", auch als „Neues Schloss" bezeichnet, für seinen Sohn Franz erbaute. Die vor dieser Villa befindlichen Sphingen, der Kamin im Gebäude und weitere Details stammen vom Bildhauer Otto Funke.

In diese Zeit fiel auch eine Erweiterung des Parks. Dazu gehörten das Parterre vor der Neuen Villa, das Deckelvasen-

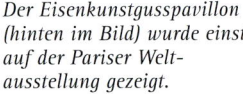

Neues Schloss

Informationen

Hinweisschilder mit Übersichtsplan an Eingängen, Broschüre zur Stadt, bei der Stadtverwaltung
Tel.: (0 39 35) 2 82 36
www.tangerhuette.de

Sehenswürdigkeiten in der Umgebung

Fachwerkkirche (1724) und Buddelschiffmuseum in Tangerhütte, Bismarcksches Gutshaus (1625) im Ortsteil Briest mit Geschiebegarten, Wildpark Weißewarte ca. 7 km östlich von Tangerhütte; Stendal mit Rathaus und Roland, Stadttoren, Kirchen; Tangermünde mit Fachwerkhäusern, Backsteingotik, Rathaus, Kirchen, Stadtmauer; Jerichow mit Prämonstratenserstift, Klosterkirche und Klostergarten; Burg mit mittelalterlicher Befestigungsanlage; Naturpark Colbitz-Letzlinger Heide; Neue Villa

rondell, der kleine Teich sowie Gehölzpartien. Das räumliche Erscheinungsbild der Parkanlage rundeten eine gefällige Bodenmodellierung und ausgewählte Solitärpflanzungen ab.

Der ehemals private Park wurde zu DDR-Zeiten in einen städtischen Park umgewandelt. Gleichzeitig wurden die beiden Villen seit den 1960er Jahren als Lungen- und Kinderheilstätte sowie als Pflegeheim umgenutzt. Leider kam es in dieser Zeit zu Zerstörungen und Umgestaltungen.

Seit 1990 fanden verstärkt Wiederherstellungsmaßnahmen im Park statt, darunter die Sanierung verschiedener Parkbauwerke wie des Mausoleums (1991/92) oder des Eisenkunstgusspavillons (1994–1996). Auch das Deckelvasenrondell wurde aus seinem Dornröschenschlaf geweckt. Daher ist die Parkanlage mit ihren landschaftlichen und geometrischen Partien heute in einem sehr gepflegten Zustand.

Überall findet man Reste einstiger Parkelemente: So zeugen die Säulenfundamente noch vom ehemals umlaufenden Säulengang am Mausoleum. Am Vorplatz der Neuen Villa bildet eine Pergola ein sichtbares Überbleibsel der ursprünglich formalen Gestaltung. Agaventore südwestlich und südöstlich der Neuen Villa betonen noch heute den Eingangs- und Übergangsbereich zwischen formalem Vorplatz und landschaftlichem Park.

Beeindruckend sind die landschaftlichen Parkbereiche mit Teichen, markanten Solitärbäumen, Sichten und bewegtem Gelände, in dem der künstlich angelegte Wasserfall im Zentrum der Anlage die höchste Erhebung bildet. Aufgrund der schönen Parkmotive wird die Anlage gerne von Hochzeitspaaren als Fotokulisse genutzt. Hervorzuheben ist zudem die prächtige Rhododendronblüte im Mai.

Mausoleum

Tangerhütte

Herrenhaus und Gutspark Briest

Verwunschen inmitten von Feldern und Wäldern aus Eichen, Buchen und Fichten am Stadtrand von Tangerhütte liegt der Landschaftspark Briest. Das ehemalige Rittergut ist der älteste Stammsitz der Familie von Bismarck, und das dazugehörige Herrenhaus, ein Fachwerkbau im Renaissancestil, entstand bereits 1624, wie über dem von Früchten und Putten gerahmten Eingangsportal zu lesen steht. Jedoch ruht der Bau auf noch älteren Grundmauern. Reste alter Wassergräben zeugen noch vom einstigen Burggraben. Im Laufe der Jahrhunderte wurde das Gutshaus immer wieder ergänzt und teilweise erneuert. Aus jüngster Vergangenheit stammt das Konsum-Schild, das auf die Nutzung zu DDR-Zeiten deutet. Nachdem die von Bismarcks Mitte der 1990er Jahre das Herrenhaus zurückerworben hatten, erfolgte als Erstes die Sanierung des Gebäudes.

Der denkmalgeschützte Park am Gut aus der zweiten Hälfte des 19. Jahrhunderts wurde 1849 im Auftrag von Wilhelm August von Bismarck (1803–1877) im englischen Landschaftsstil, dem Geschmack der damaligen Zeit entsprechend, durch den königlichen Garteninspektor Christian Schaumburg (1788–1868) aus Hannover angelegt. Es entstand ein ländlich einfacher, sogenannter zonierter Landschaftspark. Darunter ist ein Park zu verstehen, der, in Bereiche geteilt, sich nahe

Im grünen Gewand liegt das Herrenhaus Briest.
(Foto: Anke Werner)

Anschrift
Lindenplatz 5
39517 Tangerhütte

Eigentümer
Familie von Bismarck-Briest

Öffnungszeiten
Park ganzjährig frei zugänglich, Herrenhaus zu Veranstaltungen und bei Führungen

Anreise mit ÖPNV
Ab Bhf. Tangerhütte mit dem Bus nach Briest

Anreise mit PKW
Von Tangermünde über Weißewarte, von Magdeburg über Dolle, Burgstall (ehemaliige Stammburg der Familie von Bismarck)

Kapelle aus Fachwerk

Alte Eichen überschatten die Parkwiesen.

am Haus gestalterisch verdichtet und in den äußeren Zonen langsam in die umgebende Landschaft übergeht und diese im Sinne einer „Ornamental Farm" einbezieht. So befanden sich am Gutshaus einst schmucke Blumenbeete, deren Wiederherstellung für die Zukunft geplant ist. Die landschaftliche Wiese mit ihren knorrigen alten Eichen führt den Blick über weite Wiesenschneisen in die umgebende Feldflur.

Im ganzen Park- und Gutsbereich ist Denkmalpflege in Aktion zu erleben: Vom Dorfplatz gelangt man über eine kopfsteinerne Zufahrt zum Gutshof. Hier erstand das alte

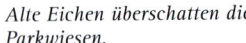

Brauhaus aus dem 17. Jahrhundert, welches sich malerisch im Teich spiegelt, in neuem altem Glanz. Ein Café soll dem Ort neues Leben einhauchen. Zwischen dem Gutshof und der kleinen, ebenfalls als Fachwerkbau errichteten und bereits sanierten Kapelle, deren Geschichte bis in das Jahr 1599 zurückreicht, stehen mächtige alte Eiben. Nördlich der Kapelle ist im ehemaligen Nutzgarten, der schon vor dem Landschaftspark bestand, eine Obstwiese vorgesehen.

Ein Rundweg führt um den Teich und auch zur östlich davon liegenden Familienbegräbnisstätte der von Bismarcks, die bereits saniert wurde. Es ist das Anliegen der Familie, die Gebäude des alten Wirtschaftshofes mit ihren ausladenden Ziegeldächern und auch den Park behutsam aus ihrem Dornröschenschlaf zu wecken.

Am südlichen Parkrand unter Fichten sind sogenannte Wölbäcker zu finden, die als Bodendenkmal geschützt sind. Die rund 210 m langen und wenige Meter breiten Bodenwellen entstanden durch eine spezielle Pflugtechnik, die bis ins Mittelalter genutzt wurde und die Ackerkrume nur in eine Richtung wendet. So kam es zur Erhöhung der jeweiligen Ackermitte, die heute noch im Gelände sichtbar ist.

Fahrrad-/Wanderrouten
Altmark-Rundkurs, Elberadweg über Grieben, Reitwege über Burgstall

Führungen
Auf Anfrage beim Förderverein Schloss Briest (Tangerhütte) e. V. und bei Sonderveranstaltungen
Tel.: (01 79) 6 76 88 81
marenvb@web.de

Ausstellungen
Geschichte der Familie von Bismarck-Briest im Erdgeschoss des Herrenhauses

Veranstaltungen
Ab Saisoneröffnung am 1. Mai

Informationen
marenvb@web.de
Tel.: (01 79) 6 76 88 81

Gastronomie/Angebote
Hotel im Schloss Letzlingen

Sehenswürdigkeiten in der Umgebung
Fachwerkkirche (1724) mit Taufengel Tangerhütte, Buddelschiffmuseum in Tangerhütte, Wildpark Weißewarte, Roland und NABU in Buch, Klosterkirche und Klostergarten Jerichow, Schlosskirche Wust, Stendal mit Rathaus, Roland, Stadttoren, Kirchen und Winckelmannmuseum, Bismarckmuseum Schönhausen, Tangermünde mit Fachwerkhäusern, Backsteingotik, Rathaus, Stephansdom, Kirchen, Stadtmauer und Burg mit mittelalterlicher Befestigungsanlage, Naturpark Colbitz-Letzlinger Heide, Letzlingen mit Schloss und Kirche

Im Park

Seggerde

Gutshaus und Gutspark

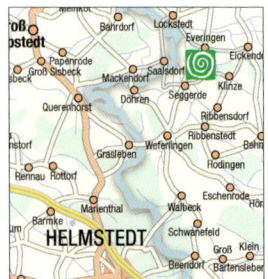

Der Gutshof mit neobarockem Schloss und angeschlossenem landschaftlich gestaltetem Gutspark des frühen 19. Jahrhunderts bildet heute wie einst das Zentrum des Ortes Seggerde. Über Jahrhunderte und bis 1889 gehörte die Herrschaft Seggerde zum Besitz der Familie von Spiegel. Zur Familie zählte auch der Halberstädter Domdechant Ernst Ludwig Freiherr von Spiegel zum Desenberg, der Schöpfer des Landschaftsparks Spiegelsberge in Halberstadt. Er heiratete 1749 Ehrengart Melusine Johanna Spiegel von Peckelsheim, eine entfernte Verwandte, die 1768 Seggerde erbte. Der Sohn Werner Adolph Heinrich veranlasste 1811 die Überführung des Sarkophags mit den sterblichen Überresten seines Vaters vom Mausoleum in den Spiegelsbergen nach Seggerde.

Zwischen 1830 und 1850 errichtete die Familie von Spiegel auf dem Gelände der mittelalterlichen Wasserburg das neobarocke, hufeisenförmige Schloss. In dieser Zeit entstand auch der zugehörige, großzügig angelegte Landschaftspark. Verantwortlich für die Planung der Anlage könnte Werner Friedrich Julius Stephan von Spiegel (1802–1877) gewesen sein, der Enkel des Domdechanten.

Schloss und Schlossteich in Seggerde

- **A** Gutshof
- **B** Gutshaus
- **C** Palmenhaus
- **D** Obstgarten
- **E** Kirche
- **F** Orangerie
- **G** Grab
- **H** Oberpark
- **I** Unterpark
- **J** Ehemaliges Milchhaus
- **K** Wehrturmrest
- **L** Burggraben
- **M** Ehemaliges Schwanenhaus
- **N** Ehemaliger Rosengarten
- **O** Schloss
- **P** Pferdeschwemme
- **Q** Kuhstall
- **R** Ehemalige Rousseau-Insel
- **S** Schlossteich
- **T** Ehemalige Mühle
- **U** Wehr

Anschrift
Gutshof 1
39356 Seggerde

Eigentümer
Privatbesitz

Öffnungszeiten
Park ganzjährig frei zugänglich, Schloss nur anlässlich von Veranstaltungen geöffnet

Anreise mit ÖPNV
Bus ab Bhf. Haldensleben

Anreise mit PKW
Über die L 20, versteckte Einfahrt zum Park östlich der L 20 Richtung Everingen, ca. 100 m vor dem Abzweig der Dorfstraße, kleiner provisorischer Parkplatz

Der nach englischem Vorbild gestaltete Park enthielt Kleinarchitekturen wie einen Pavillon, eine Grotte, Grabdenkmale, Balustraden, Brücken und wertvolle Solitärgehölze. Diese stammten größtenteils aus der Baumschule in Althaldensleben und der Baumzucht von Harbke. Ein weit geschwungenes Wegesystem erschloss die landschaftlichen und baulichen Sehenswürdigkeiten der Anlage, zu denen die Orangerie und das Palmenhaus gehörten.

Durch Erbgang fiel die Herrschaft Seggerde 1889 an die Familie von Davier, die bis zur Enteignung 1945 Besitzer der Anlage war. Nach 1945 waren im Schloss Grenztruppen untergebracht. Der Gutshof wurde in einen volkseigenen Betrieb umgewandelt. Nach 1990 gelangten Gut und Park wieder in den Besitz der Familie. Mit seinem kaum gestörten Erscheinungsbild gehört der Gutspark Seggerde zu den wenigen erhalten gebliebenen Landschaftsparks des frühen 19. Jahrhunderts und liegt eingebettet in die ihn umgebenden landwirtschaftlichen Nutzflächen. Neben Wiesen und Gehölzgruppen gehört das Jahrhunderte alte Wassersystem aus Wasserläufen, Hausteich, Pferdeschwemme und Resten der alten Burggräben zu den markanten Bestandteilen des Parks.

Palmenhaus und Orangerie werden heute als Wohnungen genutzt, bilden jedoch weiterhin auffällige Blickpunkte. Im Schloss, das noch einer weiteren Sanierung harrt, finden im Sommer kulturelle Veranstaltungen statt.

Brücken führen über Gräben und Wasserläufe

Blick über den Burggraben zum Schloss

Frühlingsblüte mit Buschwindröschen

Fahrrad-/Wanderrouten
Fahrradwanderwege vorhanden

Führungen
auf Anfrage
Tel.: (03 90 61) 22 07

Ausstellungen
Jährlich im Sommer

Veranstaltungen
Verschiedene Konzerte von Pfingsten bis Weihnachten

Gastronomie/Angebote
Schlosscafé nur zu Veranstaltungen geöffnet, ab März geöffnetes Eiscafé im benachbarten Everingen (3 km Fahrradwanderweg)

Sehenswürdigkeiten in der Umgebung
Intaktes dörfliches Orts- und Landschaftsbild von Seggerde

Harbke

Schloss und Schlosspark

Die Ruine des einstmals herrschaftlichen Schlosses bildet die romantische Kulisse für den Landschaftspark im ehemaligen Grenzort Harbke. Der Park mit Schloss, Schlosshof und der sich anschließenden Schlosskirche stellt den Mittelpunkt des Dorfes am südlichen Ausläufer des Naturparks Elm-Lappwald dar und bildet mit dem Ort eine unzertrennliche Einheit. Die Kirche „St. Levin" von 1572 beherbergt unter anderem eine restaurierte Fritzsche/Treutmann-Orgel aus den Jahren 1622/1728, die heute zu den kostbarsten historischen Instrumenten in Sachsen-Anhalt zählt und jährlich beim Harbker Orgelsommer brilliert.

Durch das Wirken der Familie von Veltheim wurden sowohl das Dorf als auch das Parkensemble in ihrer Entwicklung über Jahrhunderte hinweg stark beeinflusst. Schon seit 1308 als mittelalterliche Rundburg im Besitz dieser Familie, wurde die Burg zunächst im Stil der Renaissance und dann im 18. Jahrhundert als barocke Anlage umgestaltet.

Ein Großbrand im Jahr 1731, der außer dem Schloss sämtliche Gebäude verwüstete, gab hierzu den Anstoß, sodass bis 1759 umfangreiche Wiederherstellungs- und Umbauarbeiten stattfanden. Dabei wurde die Anlage in barocker Manier geschlossen und erhielt ihren bis heute noch vorhandenen Grundriss.

Goethe schrieb 1805 während eines Besuchs im Park Harbke: „Bequeme Wege führten sodann aufwärts zu heiteren Aussichten gegen benachbarte Höhen, und man ward mit dem weiten Umkreis der Herrschaft, besonders auch mit den wohlbestandenen Wäldern, immer mehr bekannt."

- A Schlossruine
- B Schlosshof
- C Wirtschaftshof
- D Gutshof
- E Friedhof
- F Kirche St. Levin
- G Ginkgo biloba (wahrscheinlich ältester Ginkgo Deutschlands, ca. 1758)
- H Pferdeteich
- I Kleiner Mühlenteich
- J Großer Mühlenteich
- K Schlossgraben
- L Waschhausteich
- M Orangerie
- N Blumenparterre
- O Parkquelle von 1878
- P „Chinesische Mauer", Nischenwand mit Sandsteinskulptur Pomona (um 1745)
- Q Fagus sylvatica „Aspelenifolia" (farnblättrige Buche), ein Geschenk Goethes
- R Große Parkwiese
- S Hirschtor
- T Lustwald mit „Pudels Ruh", angelegt 1726

Anschrift
Über die August-Bebel-Straße
39365 Harbke

Eigentümer
Gemeinde Harbke

Öffnungszeiten
Park ist ganzjährig frei zugänglich, Schlosshof nur nach Anmeldung

Anreise mit ÖPNV
Bhf. Helmstedt oder Marienborn, dann mit Bus bis Harbke, Halberstädter Straße

Anreise mit PKW
Über B 245a, August-Bebel-Straße bis vor den Schlosshof

Die barocke Planung und Gestaltung des rund sechs Hektar großen Harbker Parks begann 1740. Friedrich August von Veltheim (1709–1775) legte zunächst einen als Lustgarten bezeichneten Garten mit regelmäßigen Beeten, Alleen, Hecken und Laubengängen an. Ausgestattet war dieser auch mit der bis heute erhaltenen Nischenwand, der sogenannten Chinesischen Mauer, die Obstgehölzen Schutz bot. Passend dazu platzierte man die Pomona, die römische Göttin der Früchte, auf der Mauer. Sie ist die einzige noch erhaltene Sandsteinfigur im Park.

Sehr früh für diesen Gestaltungsstil wurde der Garten ab 1760 landschaftlich umgestaltet und dabei barocke Strukturen einbezogen. Mit dem Bau der neugotischen Orangerie erreichte die Gartenanlage 1830/31 dann ihren gestalterischen Höhepunkt als Landschaftspark.

Friedrich August von Veltheim war botanisch sehr interessiert und widmete sich intensiv dem Anbau und der Kul-

Die Chinesische Mauer ist ein Überbleibsel der barocken Gestaltung.

Pomona, die Göttin der Früchte

Das ehemalige Blumenparterre vor der Orangerie

tivierung von Gehölzen. Ab 1750 kam es zu den ersten bekannten Pflanzenanlieferungen, die im Schlosspark gestalterisch und im angrenzenden Wald forstlich eingesetzt wurden. Einige Baumraritäten aus dieser Zeit sind heute noch zu bestaunen, so der wahrscheinlich älteste Ginkgobaum Deutschlands, der 1758 nahe der Kirche gepflanzt wurde.

Ein Schwerpunkt lag in Harbke auf der Kultivierung ausländischer Gehölze. Die Waldquartiere im Forst erhielten ihren Namen nach der Herkunft der Gehölze und Samen, es entstanden „Libanon", „Ukraine" oder „Floridatal". Davon ist Letzteres noch heute zu finden.

Aufseher über die Pflanzungen war der Botaniker und Mediziner Johann Philipp Du Roi, der von 1765 bis 1771 in Harbke angestellt war. In seinem Buch „Die Harbkesche Wilde Baumzucht …" (1772), das als erste wissenschaftliche Abhandlung zur Dendrologie in Deutschland gilt, dokumentierte er seine Erfahrungen beim Gehölzbau.

Mit seinem Bestreben, fremde leistungsstarke Gehölze einzubürgern, zog von Veltheim Forstleute und Gartenkünstler nach Harbke. Für die sich zu jener Zeit in Deutschland entwickelnden Landschaftsgärten war Harbke zudem einer der wichtigsten Pflanzenlieferanten.

Sogar Goethe besuchte den Ort 1805 zum Studium der „Wilden Baumzucht". Auf dieser umfangreichen Kultivierung ausländischer Gehölze und auf der frühzeitigen Entwicklung zum Landschaftspark beruht auch der Wert der heute denkmalgeschützten Parkanlage.

Führungen
auf Anfrage

Veranstaltungen
Mai–September ein monatliches Orangeriekonzert, jährlicher Harbker Orgelsommer in der Kirche St. Levin

Informationen
Tourist-Information
Halberstädter Straße 16
39365 Harbke
Tel.: (03 94 06) 2 03
(01 71) 42 67 42
www.gemeinde-harbke.de

Gastronomie
Orangerie-Café
Mai–Oktober: Sa/So

Angebote
Waldbestattungen im RuheForst Harbker Wald

Sehenswürdigkeiten im Ort
Kirche St. Levin, der „Graue Hof" von 1601 mit Museumsstube, Turmruine, Fachwerkhäuser aus dem 18. Jahrhundert, Lappwaldsee

Hundisburg

Schloss und Barockgarten Hundisburg und Landschaftspark Althaldensleben-Hundisburg

Durch die exponierte Lage auf dem Schlossberg ist Schloss Hundisburg schon von Weitem sichtbar. Die Gesamtanlage, bestehend aus dem Barockgarten und dem Landschaftspark, ist in das Gelände des Bebertals eingebettet und bezieht die natürlichen Geländebewegungen gestalterisch ein. Hier verbinden sich Garten, Park und Landschaft auf malerische Weise.

Den barocken Terrassengarten kennzeichnet seine Höhenstaffelung, die in drei Terrassen vom Schloss zum Pariser Tor im Osten einen Höhensprung von mehreren Metern überwindet. Die Staffelung ermöglicht das Betrachten des Parterres von höher gelegenen begleitenden Seitenwegen. Der Landschaftspark hingegen eröffnet durch eine bewegte Topografie mit Höhendifferenzen bis zu 20 Meter Ausblicke über das im Zentrum der Anlage gelegene lang gestreckte Tal der Beber und in die landschaftliche Umgebung.

Die Entstehung von Schloss Hundisburg reicht bis ins 12. Jahrhundert zurück. Zwischen 1544 und 1602 baute Ludolf X. von Alvensleben die mittelalterliche Burg zum Renaissanceschloss aus. Zum Schloss gehörte der Alte Lustgarten im Bereich des heutigen Unterhofes, für den sich der Entwurf eines Knotenparterres und ein Inventar im Schlossarchiv erhalten haben.

Blick auf die Gesamtanlage

A Schloss Hundisburg mit historischen Schlossräumen (Sammlung Apel, Loock und Alvenslebensche Bibliothek) und Haus des Waldes Sachsen-Anhalt
B Oberer Lustgarten
C Grotte
D Unterer Lustgarten
E Pariser Tor
F Schlossweinberg
G Zinkguss-Skulptur Florentiner Wolfshund (Hundisburger Hund)
H Englische Partie mit Postamentallee, Schneckenberg und Parnass
I Baumgarten mit Sammlung historischer Obstsorten (I)
J Ehemalige Orangerie
K Feldgarten mit Sammlung historischer Obstsorten (II)
L Imkerei
M Niedermühle
N Koppelteich
O Ehemaliges Försterhaus

P Parkkiesgrube (prähistorische Fundstätte)
Q Unterer Kuhteich
R „Schwarzes Loch"
S Waldsteinbruch
T Steintisch mit Napoleonsweiden
U Weiße Brücke
V Mühlenteich mit Rousseau-Insel
W Ehemalige Oelmühle
X Ehemaliges Gärtnereigelände mit Sammlung historischer Rosen
Y Kloster Althaldensleben
Z Burgwall Althaldensleben

Pariser Tor

Seite 51: Alte Mauern und geschnittene Linden geben dem Lustgarten seinen Rahmen.

Anschrift
Schloss
39343 Hundisburg

Eigentümer
Stadt Haldensleben, verwaltet durch KULTUR-Landschaft Haldensleben-Hundisburg e. V.

Öffnungszeiten
Ganzjährig frei zugänglich

Anreise mit ÖPNV
Bhf. Haldensleben (ca. 4 km entfernt), ab Bus-Bhf. Haldensleben nach Althaldensleben oder Hundisburg, Haltestelle „An der Beber", „Post" (für Landschaftspark) oder „Schloss Hundisburg" (für Barockgarten), stündliche Verbindungen, Sa/So eingeschränkt

Anreise mit PKW
Zufahrt in Hundisburg von der L 24 über die Burgzufahrt zum Schlosshof mit Parkmöglichkeiten, Zufahrt in Althaldensleben von der L 24 zum Kloster Althaldensleben (begrenzte Parkmöglichkeiten im Ort)

Fahrrad-/Wanderrouten
Hundisburg liegt am Aller-Elbe-Radweg

Führungen
nach Voranmeldung im Schlossladen
Tel.: (0 39 04) 46 24 31
service@schloss-hundisburg.de

Ausstellungen
Ständige Ausstellung der Sammlung des Bildhauers Heinrich Apel und der Gemäldesammlung Loock sowie die Alvenslebensche Bibliothek (Öffnungszeiten: Ende März–Oktober So 14.00–17.00 Uhr sowie für Gruppen nach Anmeldung)

Veranstaltungen
Konzerte, Theater, Märkte und sonstige Aktivitäten

Von 1693 bis 1719 begannen der barocke Um- und Neubau des Schlosses und die Gestaltung eines barocken Lustgartens durch Hermann Korb unter Johann Friedrich von Alvensleben. Der Renaissancegarten wurde aufgegeben und der barocke Schlossgarten in direktem gestalterischen Zusammenhang zum Schloss auf dem Schlossberg als Terrassenanlage neu angelegt. Dieser Garten wurde 1740 mit dem Bau des sogenannten Pariser Tores als Point de vue am Ende der Hauptachse unter Friedrich Anton Ulrich von Alvensleben, dem Sohn Johann Friedrichs, vollendet. So entstand in Hundisburg mit der für einen Landadelssitz überaus aufwendigen Anlage neben der untergegangenen Sommerresidenz der Braunschweiger Herzöge das bedeutendste Beispiel des sogenannten Braunschweiger Barocks.

Bereits ab 1753 entwickelte sich mit der „Englischen Partie" eine erste landschaftliche Keimzelle im Garten. Um 1800 kam es zu einer Modernisierung der Schlossgebäude und zur Umgestaltung des Gartens im regelmäßigen Stil unter Tilgung barocker Schmuck- und Ausstattungselemente durch Phillip Carl von Alvensleben und seinen Bevollmächtigten von Vangerow.

Kurze Zeit später erwarb der Großkaufmann Johann Gottlob Nathusius das säkularisierte Kloster Althaldensleben und nach dem Bankrott der Familie von Alvensleben auch Schloss Hundisburg. Er legte ab 1810 im Tal der Beber einen Landschaftspark zwischen Kloster und Schloss an. Nathusius' Idee, die Lebensbedingungen der Bevölkerung zu verbessern, entsprach die öffentliche Zugänglichkeit des Landschaftsparks. Die Anlage zeichnete sich durch weite Wiesenräume, verschönerte landwirtschaftliche Flächen und ein System von Aussichtspunkten in Anlehnung an eine sogenannte Ornamental Farm mit Bezug zur umgebenden Landschaft aus.

Der Hundisburger Hund war ein Geschenk Friedrich Wilhelms IV. an Hermann Engelhard von Nathusius.

oben rechts und unten: Im Lustgarten

Nach Nathusius' Tod im Jahre 1835 wurde der Besitz unter zweien seiner Söhne aufgeteilt, wodurch sich die beiden Parkteile in der Folge eigenständig entwickelten. In Althaldensleben entstand ein Palmenhaus. Hermann Engelhard von Nathusius hingegen baute Hundisburg zum landwirtschaftlichen Mustergut aus und errichtete einige Gebäude im Cottage-Stil.

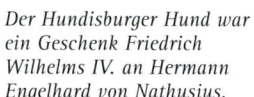

Detail des Pariser Tores

Der Schlossgiebel

Zu tiefgreifenden Vernachlässigungen, Verwüstungen und Umbauten in den Anlagen kam es nach 1945. Die Güter wurden enteignet. Das Schloss brannte 1945 aus, es kam zur Errichtung von neuen Gebäuden und Sportanlagen, zu Holzeinschlag und zur Verwilderung der Pflanzungen. Erste Erhaltungsbestrebungen begannen bald nach dem Zweiten Weltkrieg mit der baulichen Sicherung des Barockschlosses.

Seit 1991 wird der Barockgarten auf Grundlage der Bestandspläne von 1740 sowie von acht historischen Garteninventaren schrittweise rekonstruiert und restauriert. Im sanierungsbedürftigen landschaftlichen Park werden Anstrengungen unternommen, die Anlage wieder der Gestaltung des 19. Jahrhunderts anzunähern. Dazu erfolgen jährlich umfangreicher Holzeinschlag und Nachpflanzungen, die schrittweise Korrektur und Erneuerung des Wegenetzes sowie die Wiederherstellung der historischen Zonierung der Anlage.

Informationen

www.schloss-hundisburg.de
www.ohrekreis.de/sehenswertes.htm
www.stadt-haldensleben.de
Öffnungszeiten Schlossladen
Di–Do 13.00–16.00 Uhr
Sa/So 11.00–16.00 Uhr
Standesamtsaußenstelle der Stadt Haldensleben

Gastronomie/Angebote

Schlosscafé und Restaurant
Di–So ab 11.00 Uhr
Schlossherberge mit preisgünstigen Selbstversorger-Unterkünften, Zimmer mit Pensionsstandard in der Meierei und im Torhaus

Sehenswürdigkeiten in der Umgebung

Ruine Nordhusen (Straße der Romanik), Technisches Denkmal Ziegelei, Schulmuseum, Stadt Haldensleben mit historischem Stadtkern, Resten der alten Stadtmauer und Toren sowie klassizistisches Rathaus mit Reitendem Roland, Gebrüder-Grimm-Museum, größtes geschlossenes Großsteingräbergebiet Mitteleuropas in der Gemeinde Bebertal westlich von Hundisburg, Colbitzer Lindenwald in der Colbitz-Letzlinger Heide

Magdeburg

Herrenkrugpark und Elbauenpark an der Elbe

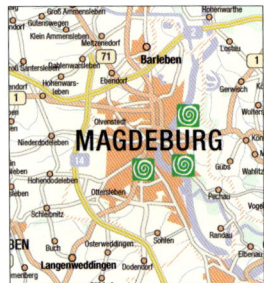

Der Herrenkrugpark, eine von Magdeburgs ältesten Parkanlagen, existiert seit Ende des 18. Jahrhunderts. Bereits ein Jahrhundert früher wurden die Wiesen zur Beweidung, Heugewinnung und zum Holzeinschlag genutzt. Für die Beaufsichtigung dieser im städtischen Besitz befindlichen Flächen errichtete man 1676 ein Wärterhaus, das auch die Funktion eines Wirtshauses bekam. Schon 1780 wurden von hier aus strahlenförmige Pappelalleen, eine Baumschule und weitere Gehölzpflanzungen angelegt. Beiderseits der Herrenkrugstraße wurden Obstplantagen bewirtschaftet. Insgesamt hatte das Areal bis in das 19. Jahrhundert eine eher landwirtschaftliche Prägung, befand sich hier doch auch die städtische Baumschule, welche die Parkanlagen, Plätze und Straßen der Stadt mit Pflanzen versorgte.

Nach den napoleonischen Kriegen entstanden neue Obst- und Baumplantagen und ein zunächst rund acht Hektar großer Garten im englischen Stil. Kernpunkt der Anlagen war das Wirtshaus, das unter dem Namen „Herrenkrug" bekannt war, da es gern von den Ratsherren der Stadt besucht wurde. Anstelle des verfallenen alten Wirtshauses wurde 1810 zunächst ein Schützenhaus, 1844 dann ein klassizistischer Neubau errichtet, der für rund 100 Jahre den sich schrittweise entwickelnden Landschaftspark prägte.

Erfrischung und Stärkung im Park

Anschrift
Herrenkrugstraße
39114 Magdeburg

Eigentümer
Landeshauptstadt Magdeburg

Öffnungszeiten
Herrenkrugpark ganzjährig frei zugänglich
Elbauenpark 9.00–20.00 Uhr (Sommer), 10.00–16.00 Uhr (Winter), eintrittspflichtig
Jahrtausendturm
Di–So 10.00–18.00 Uhr (nur Sommerhalbjahr)
Schmetterlingshaus
Di–So 10.00–18.00 Uhr (Sommer), 10.00–16.30 Uhr (Winter)

Anreise mit ÖPNV
Bhf. Magdeburg, Straßenbahn bis Herrenkrug bzw. bis Elbauenpark (Eingang Herrenkrugstraße/Rosengarten)

Anreise mit PKW
Im Norden der Stadt am Ostufer der Elbe gelegen, Anfahrt über die Herrenkrugstraße von der B 1 aus, Parkplätze im Eingangsbereich des Herrenkrugparks, PKW-/Busparkplätze an der Tessenowstraße (Elbauenpark), Parkplatz „Lange Lake" am Herrenkrugsteg, über A 2, Saalestraße gut zu erreichen

Führungen
Herrenkrugpark
Tel.: (03 91) 8 38 04 01
Elbauenpark
Tel.: (03 91) 59 34 50

Informationen
Tourist-Information Magdeburg
www.magdeburg-tourist.de
Tel.: (03 91) 1 94 33
www.mvgm-online.de

Unter Federführung der Gartenverwaltung, beginnend mit dem Stadtbaukondukteur Friedrich Wilhelm Wolff und dem Stadtgärtner Erich wurde der Park weiter ausgestaltet. Dabei griff man auch auf Gartenkünstler wie Peter Joseph Lenné (1829) und den Gartenkondukteur der Dessau-Wörlitzer Anlagen Rudolf Schoch (1838) zurück.

In den folgenden Jahrzehnten setzte sich das Bestreben nach einer einheitlichen landschaftsgärtnerischen Gestaltung für die immer größer werdende Anlage fort. Die Bemühungen des ab 1863 für die Stadt tätigen ersten Gartendirektors Paul Niemeyer und seines Nachfolgers Gottlieb Schoch (Amtszeit 1890–1903) entwickelten den Herrenkrug bis zur Jahrhundertwende zu einem der beliebtesten Ausflugsziele der Magdeburger mit einem ausgedehnten Fuß-, Rad- und Reitwegesystem auf 41 Hektar. Zur Beliebtheit des Parks trug 1900 die Eröffnung der elektrischen Straßenbahn entlang der vierreihig bepflanzten Herrenkrugstraße bei, die von der Stadt bis zum Rondell mit dem heute nicht mehr vorhandenen Gesellschaftshaus führte. Hier befindet sich jetzt als neuer Parkmittelpunkt das in den 1990er Jahren erbaute Herrenkrughotel neben den erhalten gebliebenen historischen Erweiterungsbauten aus dem späten 19. Jahrhundert. Als Teil der fortlaufenden Wiederherstellung des historischen Parkbildes wurden auf dem Rondell inzwischen die Teppichbeete nach dem Vorbild der einstigen Blütezeit um 1900 rekonstruiert.

Löwendenkmal

Borussia-Denkmal

Seite 58/59: Der Jahrtausendturm ist Wahrzeichen des Elbauenparks.

Um 1900 war der Herrenkrug eine deutschlandweit dendrologisch beachtete Anlage. Gottlieb Schoch gab in diesem Jahr ein „Verzeichnis der Gehölze in den öffentlichen Gärten und Parkanlagen Magdeburgs" heraus. Darin führte er für den Herrenkrug 622 Gehölzarten auf, darunter 370 Baumarten. Offene Wiesenräume mit Baumgruppen und zum Teil sehr beeindruckendem alten Baumbestand sind noch heute Teil des Parkbildes, wenn auch die Anzahl der Arten durch zwischenzeitlich fehlende Nachpflanzungen und reduzierte Pflege zurückgegangen ist. Für den Park existiert ein dendrologischer Lehrpfad, der die besonders wertvollen Solitärbäume hervorhebt. Für die Zukunft sind der Erhalt und die Belebung der Gehölzvielfalt vorgesehen. Eine Besonderheit stellte auch der 1874 geschaffene botanische Schulgarten dar, der in Relikten an seinem zweiten Standort von 1902 südlich der Bahnlinie erhalten ist.

Die 1999 im Zuge der Bundesgartenschau errichtete Herrenkrugbrücke ermöglicht Fußgängern aus den Stadtteilen links der Elbe einen attraktiven Zugang zum Herrenkrugpark. Über die Herrenkrugstraße besteht die Verbindung zum Elbauenpark.

Ausstellungen

Interaktive Zeitreise und Ausstellung im Jahrtausendturm, Schmetterlingshaus, Ausstellung zu nachwachsenden Rohstoffen, verschiedene Landschaftskunstprojekte im Elbauenpark

Veranstaltungen

Herrenkrugpark: ausgewählte Open-Air-Veranstaltungen, Jazz- und Renntage
Elbauenpark: umfangreiches Veranstaltungsprogramm
www.elbauenpark.de
(kostenfreier Rollstuhlverleih an den Parkeingängen des Elbauenparks), Freizeitbad Nautica, angrenzend an den Elbauenpark

Informationsmaterial

Herrenkrugpark: Publikation und Faltblatt zum Park, dendrologischer Lehrpfad mit Übersichtsplan und -tafeln
Elbauenpark: Übersichtsplan, verschiedene Publikationen zum Park und zum Jahrtausendturm

Gastronomie/Angebote

Herrenkrugpark: Restaurant „Herrenkrug", im Sommer mit Terrassenbewirtschaftung im Park
Elbauenpark: verschiedene gastronomische Einrichtungen, Informationsmaterial an den Kassen

Sehenswürdigkeiten in der Umgebung

Historisches Gebäudeensemble der Magdeburger Pferderennbahn (von 1910) mit Freiflächen, Golfplatz, Wiesenpark, Biederitzer Busch, Wasserwandern im Rahmen des Blauen Bandes in Sachsen-Anhalt

Elbauenpark

Der Elbauenpark entstand zur Bundesgartenschau 1999 auf dem Gelände des Großen und Kleinen Cracauer Angers. Die Anlage hat eine lange Geschichte und ist zugleich eines der jüngsten Gartenkunstwerke der Gartenträume. Als elbauengeprägtes Wiesengelände erstreckte sich der ehemalige Cracauer Anger einst bis zum Herrenkrug. Neben dem Elbebiber, der hier sein Zuhause fand, wurden die feuchten Wiesen von Bauern der benachbarten Dörfer schon im Mittelalter als Weideland genutzt.

Seit Mitte des 19. Jahrhunderts jedoch wurde der Anger militärisch als Exerzierplatz für Rekruten der preußischen Armee verwendet und seit 1873 praktizierte man hier das Scharfschießen. Gleichzeitig lieferten die Tongruben auf dem Gelände den Rohstoff für die benachbarten Ziegeleien, die Freifläche wurde bis in die dreißiger Jahre des 20. Jahrhunderts für Sport und Spiel genutzt.

Aufsehen erregte der Magdeburger Ingenieur Hans Grade (1879–1946), dem auf dem Anger am 28. Oktober 1908 der erste deutsche Motorflug bis in 8 Meter Höhe gelang. An ihn erinnert im Elbauenpark der Hans-Grade-Platz am Originalschauplatz. Die Tradition der Flugerfolge setzte sich 1914 mit der ersten Landung eines Zeppelinluftschiffes auf dem nun bestehenden Cracauer Flugplatz fort.

Klettervergnügen im Park

Kunstwerke im Park: Ziegelschichtung von Reiner Seliger

Die Tragik des Zweiten Weltkrieges offenbarte sich im Trümmerschutt der zerstörten Magdeburger Innenstadt, der das Gelände des Cracauer Angers um fünf Meter erhöhte. Genutzt wurde das Areal schon bald danach durch die Rote Armee, die hier bis in die frühen 1990er Jahre stationiert war.

Nach Munitionsräumung konnte die Gestaltung der neuen Parkanlage zur Bundesgartenschau beginnen. Viele Facetten der Geschichte treten hierbei immer wieder in Interpretationen hervor. So wurden beispielsweise die zwei bis vier Meter hohen Wälle, die noch aus der frühen militärischen Nutzung stammten, in die Gestaltung im Nordosten der Parkanlage integriert: Überschattet von alten Bäumen, finden sich hier heute Zonen großer Ruhe, aber auch interessant gestaltete inspirierende Aktionspunkte. Diese Verbindung von Entspannung und Spannung zieht sich thematisch durch das ganze Gelände des Elbauenparks. Während auf der Seebühne ein vielfältiges Programm verschiedener Veranstaltungen eine attraktive Kulisse findet, das Schmetterlingshaus in die luftig-leichte Welt der Tropen einlädt und der Jahrtausendturm als Wahrzeichen der Landeshauptstadt Magdeburg den Besucher mit Forschern und Erfindern auf Entdeckungsreisen führt, setzen verschiedene Themengärten, Kunstwerke in der Landschaft und die naturnah gestalteten Bereiche an der Elbe Akzente zum Besinnen und zum Seele baumeln lassen. Einen Tag hier zu verbringen fällt nicht schwer, eine vielfältige Gastronomie bietet ebenso Erfrischung wie das an die Parkanlage grenzende Freizeitbad Nautica.

Bunte Fülle und moderne Gartenarchitektur (Foto: Gartenträume e. V.)

MAGDEBURG

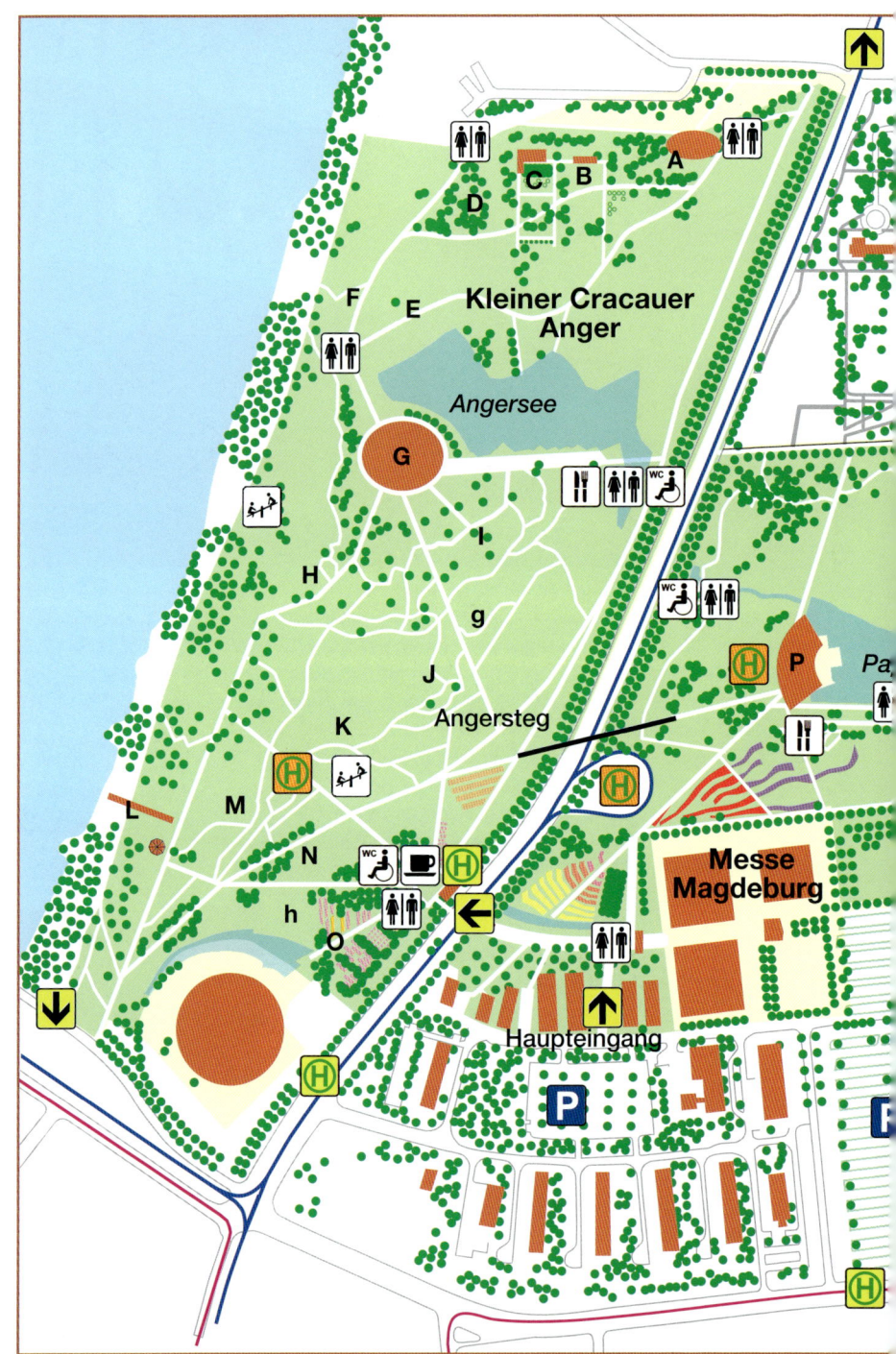

A	Spielhaus	S	Sommerrodelbahn
B	Orangerie	T	Kneippgarten
C	Europagarten	U	Irrgarten
D	Streuobstwiesen	V	Aussichtsplattform
E	Wechselflor	W	Damwildgehege
F	Bahnhof Panoramabahn	X	Rhododendronweg
G	Jahrtausendturm	Y	Staudengarten
H	Garten der Gegensätze	Z	Fitness-Parcours
I	Gärten der Erinnerung		
J	Ruinengarten	a	Spiel in den Wällen
K	Garten der Visionen	b	Waldschule
L	Aussichtssteg	c	Schmetterlingshaus
M	Garten des Eisens	d	Gartenband
N	Wasserspielplatz	e	Paradiesische Gärten
O	Rosengarten	f	Sportareal
P	Seebühne	g	Wildstaudenhügel
Q	Skaterparcours	h	Kletterpark Magdeburg
R	Kletterfelsen		

*In den Paradiesischen Gärten
(Foto: Gartenträume e. V.)*

Umwelttechnisch interessant ist die ehemalige sanierte und rekultivierte Hausmülldeponie: Hier wird das im Innern anfallende Gas gesammelt und im nahe gelegenen Blockheizkraftwerk in Wärmeenergie umgewandelt, die das Freizeitbad, die Messehallen und verschiedene Gebäude des Elbauenparks beheizt. Ein Ausstellungsbereich für nachwachsende Rohstoffe erklärt, wie Raps und Sonnenblumen Motoren antreiben und was Tapetenkleister mit Mais und Zuckerrüben zu tun hat.

Im Jahrtausendturm

Man kann Drachen steigen lassen ...

Die Parkanlage lockt den Pflanzenfreund mit Rosen-, Rhododendron-, Paradiesischem und Staudengarten und den Kunstliebhaber mit einer außergewöhnlichen Gartengestaltung und verschiedenen künstlerischen Höhepunkten. Auch für aktive Sport- und Spielaktivitäten steht mit der Sommerrodelbahn, dem Kletterpark und Kletterfelsen, dem Skaterparcours und verschiedenen Spielbereichen ein breites Angebot zur Verfügung und heißt den Besucher auf vielfältige Weise willkommen.

... oder in den Themengärten gemütlich spazieren gehen.

Magdeburg

Stadtpark Rotehorn an der Elbe

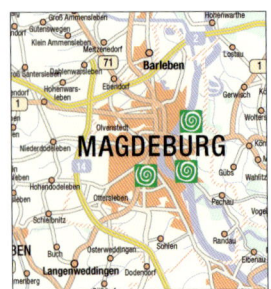

Der Landschaftspark Rotehorn liegt auf einer Elbinsel und entwickelte sich aus den natürlichen Strukturen der Flussauenlandschaft. Stadtgartendirektor Paul Niemeyer begann 1871 mit den landschaftlichen Parkgestaltungen auf der Rotehorninsel, die seine Nachfolger bis in das 20. Jahrhundert fortsetzten. Ihm zu Ehren ist ein Gedenkstein an der Südspitze der Insel aufgestellt. Das gesamte Gelände wurde vom zweiten Gartendirektor Gottlieb Schoch (1853–1905) bis 1905 ausgebaut. Breite Wander- und Reitwege durchzogen den Park, Gastronomie und Sporteinrichtungen ordneten sich harmonisch in die Parklandschaft ein. Schoch betonte die natürlichen Gegebenheiten der Auenlandschaft durch Baumpflanzungen aus Pappeln, Weiden und Ulmen. Der Nachfolger Schochs, Wilhelm Lincke (1866–1942), konnte nach 1906 mit Geldspenden der Magdeburger durch Aufweitung der Tauben Elbe den Adolf-Mittag-See und seine Seeterrassen anlegen. Gleichzeitig entstand der Tempel der Marieninsel.

Nachhaltigen Einfluss auf die Entwicklung des Rotehorn-Parks hatte der Beschluss zur Errichtung eines Ausstellungsgeländes zwischen den Seeterrassen und der Sternbrücke. Dieses entstand in den Jahren von 1922 bis 1927 mit Pavil-

Am Adolf-Mittag-See das Leben genießen

Anschrift
Heinrich-Heine-Platz
39114 Magdeburg

Eigentümer
Landeshauptstadt Magdeburg

Öffnungszeiten
Ganzjährig frei zugänglich

Anreise mit ÖPNV
Bhf. Magdeburg, Park gegenüber der Altstadt, zu Fuß erreichbar

Anreise mit PKW
Auf der Elbinsel zwischen Stromelbe und Alter Elbe gelegen, Anfahrt über den Strombrückenzug, „Kleiner Werder" und „Kleiner Stadtmarsch", Straße zur Stadthalle, begrenzte Parkmöglichkeiten im Umfeld der Stadthalle, Parkplatz Hammersteinweg

Fahrrad-/Wanderrouten
Radwege im Park, u. a. Elberadweg, mit regionaler Anbindung

Führungen
auf Anfrage
Tel.: (03 91) 8 38 04 01

Veranstaltungen
Zahlreiche Großveranstaltungen in der Stadthalle und im Umfeld, Seeterrassen, MDR-Landesfunkhaus mit Veranstaltungsangebot

Informationen
Tourist-Information Magdeburg
www.magdeburg-tourist.de
Tel.: (03 91) 1 94 33

Tempel auf der Marieninsel

Ballonabenteuer

lons, Bühnen und Hallen und wurde maßgeblich von den Architekten Paul Mebes (1872–1938) und Bruno Taut (1880–1938) geprägt. Am Eingang wurde 1927 nach Plänen von Johannes Göderitz (1888–1978) eine Festhalle für die Stadt Magdeburg errichtet, die bis zu 4000 Personen fasste. Sie bildete den räumlichen Abschluss zur Stromelbe. Zum Ensemble gehörte u. a. auch der von Prof. Albin Müller (1871–1941) entworfene Aussichtsturm.

Der Zweite Weltkrieg führte zur völligen Zerstörung der Parkanlage. Erst mit Wiederherstellung der Alten Strombrücke (1946) konnten die Magdeburger ihren Park erneut nutzen. Zeittypisch wurde er nach 1955 zum Kulturpark ausgestaltet. In den 1970er Jahren kamen jährlich bis zu zwei Millionen Besucher in den Park. Die Wiesenflächen wurden zu dieser Zeit durch eine Schafherde beweidet. Schon seit 1976 ist der Park südlich der Eisenbahn als Denkmal geschützt. Jedoch wuchsen seit Ende der 1960er Jahre die bis dahin offen gehaltenen Sichten mehr und mehr zu. Erst nach 1989 konnten die notwendigen Pflegearbeiten wieder intensiviert werden.

Die Rotehorninsel, zwischen Stromelbe und Alter Elbe direkt gegenüber der Altstadt gelegen, ist heute mit ca. 220 Hektar das wichtigste Naherholungsgebiet Magdeburgs. Der Charakter des Parks wird wesentlich von den ihn

> **Gastronomie/Angebote**
>
> Gastronomie im Bereich der Stadthalle auf dem Museumsschiff „Württemberg" und im „Le Frog" (Brasserie am See), im südlichen Bereich des Parks das „Café Fort 12"
>
> **Sehenswürdigkeiten in der Umgebung**
>
> MDR-Landesfunkhaus und Stadthalle im Park, Magdeburger Altstadt mit Dom und Kloster „Unser Lieben Frauen", Die Grüne Zitadelle, Klosterbergegarten, Elbauenpark (ehemaliges BUGA-Gelände), Wasserwandern im Rahmen des Blauen Bandes in Sachsen-Anhalt, Anlegestellen an der Alten Elbe, Anbindung Cracau mittels Brücke

umgebenden Fließgewässern geprägt. Darüber hinaus gehören künstliche Gewässer in unterschiedlicher Ausformung und Zweckbestimmung zu den Parkgestaltungen, zum Beispiel der Adolf-Mittag-See. Zahlreiche Sportvereine nutzen das reichhaltige Angebot zum Segeln, Kanufahren oder zur Leichtathletik.

Den größten Teil des Parks aber nehmen Wiesenflächen ein, die teilweise auch baumüberstandene schattige Plätze bieten. Auentypische Gehölze in hainartigen Beständen und Clumps sowie eine vierreihige Lindenallee am Heinrich-Heine-Weg runden die Gestaltungen ab. Auch für die innerstädtische Biotopvernetzung und den Naturschutz haben Insel und Park außerordentliche Bedeutung.

Die steinerne Pergola an der Seeterrasse entstand Anfang des 20. Jahrhunderts.

Magdeburg

Klosterbergegarten und Gruson-Gewächshäuser an der Elbe

Zwischen 1825 und 1835 entstand auf dem Gelände des in den napoleonischen Kriegen völlig zerstörten Klosters Berge der erste Volksgarten im deutschsprachigen Raum. Als Vorbild öffentlicher Parkgestaltung in der Festungsstadt Magdeburg beeinflusste der Volksgarten Klosterberge die Schaffung nachfolgender Parkanlagen. Zunächst wurde in den Jahren 1828/29 ein Gesellschaftshaus nach Plänen des Berliner Baumeisters Karl Friedrich Schinkel (1781–1841) errichtet.

Für die Gartenplanung beauftragte der Magdeburger Magistrat den preußischen Hofgartendirektor Peter Joseph Lenné (1789–1866), an den heute noch die anlässlich seines 200. Geburtstages aufgestellte Lenné-Büste im Park erinnert.

Das Gesellschaftshaus in neuem Glanz

Anschrift

Schönebecker Straße
39104 Magdeburg

Eigentümer

Landeshauptstadt Magdeburg

Öffnungszeiten

Park ganzjährig frei zugänglich, Gruson Gewächshäuser
Di–So 9.00–17.00 Uhr
eintrittspflichtig

Anreise mit ÖPNV

Bhf. Magdeburg, Straßenbahn bis Haltestelle „AMO/Steubenallee"

Anreise mit PKW

Im südlichen Stadtzentrum am Westufer der Stromelbe gelegen, Gruson-Gewächshäuser in der Stadt ausgeschildert, Parkplatz Hammersteinweg

Führungen

auf Anfrage
Tel.: (03 91) 8 38 04 01 (Park)
Tel.: (03 91) 4 04 29 10 (Gewächshäuser)

Ausstellungen

Wechselnde Ausstellungen

In seiner Gestaltung war der Volksgarten jedoch nur in der Zeit von 1835 bis 1838 zu erleben, denn mit dem Baubeginn der Eisenbahnstrecke nach Leipzig (1838) und nach Berlin (1848) wurde der Garten in mehrere Teile zerschnitten und von der Elbe abgeriegelt. Im Zuge des wirtschaftlichen Aufschwungs bebaute man in zunehmendem Maße die Randbereiche, wodurch der Park seine natürlichen Übergänge und Ausblicke in die Umgebung verlor.

Den Garten an die jeweils sich verändernden Situationen anzupassen, hat sich jeder der Magdeburger Gartendirektoren bemüht: Paul Niemeyer von 1863 bis 1890, Gottlieb Schoch von 1890 bis 1903 und Wilhelm Lincke von 1903 bis 1931. Unweit vom Gesellschaftshaus befinden sich noch heute die Gruson-Gewächshäuser, die 1895/96 errichtet wurden. Es handelt sich dabei um eine Schenkung der Familie des Industriellen Hermann Gruson (1821–1895) an die Stadt. Die Pflanzensammlung umfasst derzeit ca. 3600 Arten.

In den Jahren nach dem Zweiten Weltkrieg wurde die Pflege des Parks zunächst vernachlässigt, bevor er zwischen 1966 und 1972 als „Pionierpark" in die Nutzung des Gesellschaftshauses als „Pionierhaus" einbezogen wurde. In diesem Zusammenhang wurden verschiedene Lehr-, Sport- und Spielanlagen für Kinder eingerichtet.

Die Großzügigkeit der landschaftlichen Anlage im Sinne Lennés ist im verbliebenen zentralen Bereich heute wieder gut ablesbar: Die Gestaltung eines freien, offenen Wiesenparks mit leicht geschwungenen Wegen, mit durchdacht plat-

Die Gruson-Gewächshäuser

| **Veranstaltungen** |
| Im Sommer Kulturfeste im Park, ganzjährig Konzerte und Sonntagsmusiken im Gesellschaftshaus, dem Sitz der Internationalen Telemanngesellschaft |
| **Informationen** |
| Tourist-Information Magdeburg
www.magdeburg-tourist.de
Tel.: (03 91) 1 94 33
www.gruson-gewaechshaeuser.de |
| **Sehenswürdigkeiten in der Umgebung** |
| Stadthalle und Stadtpark Rotehorn, Magdeburger Altstadt mit Dom und Kloster „Unser Lieben Frauen", Die Grüne Zitadelle, ausgeschildertes Radwanderwegsystem, Elberadweg, Wasserwandern auf der Elbe im Rahmen des Blauen Bandes in Sachsen-Anhalt |

zierten Pflanzengruppen zur großzügigen Raumbildung und mit Fernsichten wurde in schrittweiser Restaurierung gezielt herausgearbeitet. Heute bereichern der Inselteich und die sogenannte Magistratsstrecke, einst Brachfläche zwischen Park und Elbe, wieder den Park, auch das Gesellschaftshaus ist grundlegend saniert.

Exoten unter Glas

Der wiederhergestellte Inselteich

Möckern

Schloss Wendgräben mit Park

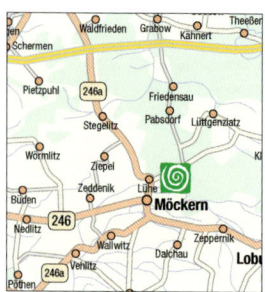

Mitten im waldreichen Loburger Vorfläming liegt Schloss Wendgräben mit seinem Garten unter den Kronen alter Eichen. Errichtet wurde es unter Hans Waldemar von Wulffen (1864–1942), Spross einer alten Loburger Adelsfamilie. Von Wulffens Bestreben war es auch, den Kiefernforst der Gegend ästhetisch und waldwirtschaftlich zu veredeln. Dazu ließ er Gehölze wie Buchen, Ahorn, Lärchen und Linden als Unterholz zwischen die Kiefernbestände pflanzen und legte damit den Grundstock für die noch heute beeindruckend leuchtend orange-gelbe Herbstfärbung und den reichhaltigen Gehölzbestand im parkartigen Wald.

Zunächst nur lauschig-verborgener Jagdsitz, entschlossen sich Hans Waldemar und seine Frau Martha von Wulffen (1873–1955) mit der Geburt ihres Sohnes im Jahr 1909, Wendgräben zu ihrem Dauerwohnsitz umzugestalten. Entsprechend der Vorliebe des Bauherrn für das englische Landleben, beauftragte er den bekannten Landhausarchitekten Hermann Muthesius (1861–1927) damit, das imposante Haus (1910–1912) zu errichten, das wegen seiner Größe und Erhabenheit „Schloss Wendgräben" genannt wird. Als Baumaterial dienten die örtlichen rötlich grauen Findlingsgranite, die dem massiven Trutzbau einen ganz eigenen Charakter verleihen.

Schloss mit Terrasse

Park Wendgräben ist beliebtes Ziel für Ausritte von Pferdeliebhabern aus der Umgebung.

Anschrift

Wendgräbener Chaussee 1
39279 Möckern OT Wendgräben

Eigentümer

apollona GmbH, Herford

Öffnungszeiten

Park ganzjährig frei zugänglich

Anreise mit ÖPNV

Bhf. Magdeburg, weiter mit dem Bus bis Bhf. Loburg, dann mit dem Rufbus oder Taxi nach Wendgräben

Anreise mit PKW

A 2 (Abfahrt Burg Ost), dann Richtung Möckern/Loburg, A 2 (Abfahrt Ziesar), dann Richtung Loburg, A 9 (Abfahrt Dessau), dann Richtung Zerbst/Loburg, A 14 (Abfahrt Schönebeck), dann Richtung Gommern/Loburg

Fahrrad-/Wanderroute

Radroute Schlösser- und Burgentour
Radtouristik B. Stöhr Loburg
Tel.: (03 92 45) 20 22

Führungen

auf Anfrage
Tel.: (03 92 45) 6 97 70
Tel.: (01 73) 2 03 16 54
Tel.: (01 72) 9 22 98 11
(Freundeskreis Schloss Wendgräben)

Ausstellungen

Gemäldeausstellungen

Veranstaltungen

Lesungen jeder Art

Informationen

Tel.: (03 92 45) 6 97 70
Schlosshotel Wendgräben
www.schlosshotel-wendgraeben.de
www.apollona.de

Gastronomie/Angebote

Restaurant und Café im Schloss
Tel.: (03 92 45) 6 97 70
(Reservierung wird empfohlen)

Standesamt

Anmeldung über Stadtverwaltung Möckern

Der Turm wurde auf besonderen Wunsch des Bauherrn eingefügt und sollte an die Stammburg der Familie im nahen Loburg erinnern.

Muthesius' Gartenentwurf, den er mit den Plänen für das Haus vorlegte, entsprach jedoch nicht den Vorstellungen des Bauherrn. Von Wulffen sah die Notwendigkeit, für den Garten einen gartenkünstlerischen Fachmann zu beauftragen, der Muthesius ebenbürtig war. Daher wandte er sich 1910 an den Düsseldorfer Gartendirektor Baron Walter von Engelhardt (1864–1940). Sein Entwurf für den Garten, der 1922 in der Zeitschrift „Die Gartenkunst" veröffentlicht wurde, verband Haus und umgebenden Forst auf überzeugende Weise.

Eine lange Zufahrt durch den Wald führt geschwungen bis zum schlichten Vorplatz des Schlosses. Den trockenen Zugang ins Gebäude ermöglicht hier eine berankte Unterfahrt, deren Giebel den Wolf, das Wappentier der von Wulffen, zeigt.

Die zentrale Achse des Gartens und damit den Hauptgestaltungsschwerpunkt legte von Engelhardt jedoch als erweiterten Wohnraum vor die dreiteilige offene Loggia am Gartensaal an der Südseite des Gebäudes. Hier öffnet sich das Panorama in einer langen, perspektivisch ausgefeilten Sichtachse. Der Blick geht von der Terrasse über ein Wasserbecken und einen stimmungsvoll waldgerahmten und von Eichen malerisch besprenkelten Wiesenzug mit kleinem Teich weit in die Ferne. Eine Mauer mit halbkreisförmiger Rotunde grenzt den Garten zu der um etwa einen Meter abgesenkten Landschaft so ab, dass der freie Blick nicht gestört wird. Pflanzlich bestimmend sind nahe der Terrasse noch heute immergrüne Gehölze, die Engelhardt einst in geometrischen „Pflanzenblocks" anordnete.

Gleichzeitig leitet das vor der Terrasse liegende Wasserbecken durch seine abgewinkelte Form geschickt in eine zweite Gartenachse und so in den Garten vor der Ostfassade. Hier befindet sich ein Gartenraum mit behaglich-lauschigem Charakter und einer blumigen Bepflanzung aus Blütensträuchern und Stauden in den kleinteiligeren Pflanzenblocks, die von kleinen Nischen, Plätzen und schmalen Pfaden durchzogen sind. Engelhardt verfolgte damit das Ziel, den bunten Stauden- und Sommerblumenflor wie Blumentische erscheinen zu lassen, die aus weiterer Entfernung aber als Gesamtheit wirken sollten.

Durch mehrere gradlinige Wege schuf er aus diesem Blumengarten einen stimmungsvoll-harmonischen Übergang in das Dunkel des umgebenden Waldes. Auch besitzen die tief in den Forst reichenden Wege Zielpunkte im Garten wie einen Bankplatz oder markante Gebäudeteile. Genauso schieben sich einzelne alte Eichen als Vorboten des Waldes in den architektonischen Garten. Die eindeutige gestalterische Trennung zwischen Garten und Forst erreichte Engelhardt durch einen Querweg.

Auf einem der Waldpfade gelangt man zur 1921 neu angelegten, versteckt im Wald liegenden Begräbnisstätte der Familie von Wulffen. Diese wurde ähnlich einem Kirchengrundriss gestaltet, sah eine rahmende Eibenhecke vor und integrierte zwei alte Eichen des Waldes, um die bewusst strenge Form in Kontrast zum umgebenden Wald zu brechen. Unter dem heute imposanten Baumdom erinnert ein Gedenkstein an die Erbauer von Wendgräben Hans Waldemar und Martha von Wulffen.

> **Sehenswürdigkeiten in der Umgebung**
>
> Möckern mit Schloss und Schlosspark, Marktplatz und historischem Rathaus, Bahnmuseum Magdeburgerforth und Dampflokverein Loburg, Loburg mit Storchenhof, Kirche St. Laurentius mit der Karlingorgel, Klosterruine „Kloster Unser Lieben Frauen" an der Straße der Romanik, dem ehemaligem Bergfried, Leitzkau mit Schloss und Pfarrkirche St. Peter, Wörmlitz mit Natur- und Erlebnispfad, Wüstenjerichow mit Herrenhaus Waldrogäsen und die Flügelaltäre, Gommern mit den Heide- und Gesteinsgärten

Auf Waldpfaden

Drübeck

Kloster und Klostergärten

Die Klosteranlage Drübeck zählt zu den bedeutendsten romanischen Baudenkmälern am nördlichen Harzrand. Schon von Weitem ist der zweitürmige Westbau der Klosterkirche St. Vitus sichtbar. Eingebettet in den Ortskern von Drübeck, ist die Klosteranlage von einer Klostermauer und Streuobstwiesen umschlossen. Gleichzeitig liegt der Ort am Rande des Nationalparks Hochharz mit vielfältigen Wandermöglichkeiten.

Die Anlage existiert nachweisbar seit dem Jahre 960 und wurde in einer Schenkungsurkunde König Ottos I. erstmals erwähnt. Das Kernstück des ehemaligen Benediktiner-Nonnenklosters bildete die in Fragmenten bis zum Jahre 1000 zurückgehende Klosterkirche St. Vitus, die seit 1170 einen zweitürmigen Westbau besitzt. Gegründet wurde die Anlage als adeliges Frauenkloster und beherbergte im 13. Jahrhundert 20 bis 30 Nonnen.

Über die frühe Gestaltung der Außenanlagen des Klosterkomplexes ist wenig bekannt. Teilweise Zerstörung des Klosters während der Bauernkriege um 1525 und die anschließende Vernachlässigung der Anlage als Folge der Säkularisierung haben zu dieser Unkenntnis beigetragen. Nach der Reformation bestand das Kloster zunächst als evangelisches

*Blick über die Bleichwiese
(Foto: Enrico Kreim)*

*Der Küchengarten
(Foto: Odeta Oehlert)*

Der Klosterhof (o. r.)

Fräuleinstift mit adelig-bürgerlicher Belegschaft fort. Erst in der ersten Hälfte des 18. Jahrhunderts, nach der Übernahme des Besitzes durch die Grafen von Stolberg-Wernigerode, kam es zum Neubau ausgedehnter Wirtschafts- und Wohngebäude, des Amtshauses und des Konventsgebäudes sowie zur Herrichtung der Hof- und Gartenanlagen. Es wurden die Gärten der Stiftsdamen mit den Gebetshäusern und der Garten der Äbtissin angelegt. 1730 wurde die Linde im Klosterhof gepflanzt, die heute als imposantes Kulturdenkmal geschützt ist.

Ein von Jenny A. Dieckmann gezeichneter Plan von 1737 gibt die Gestaltung der Außenanlagen zu jener Zeit anschau-

Blick zum Äbtissinnenhaus über die Gärten der Stiftsdamen

KLOSTER UND KLOSTERGÄRTEN

A Klosterkirche St. Vitus
B Äbtissinnenhaus
C Domäne
D Eva-Heßler-Haus
E Haus der Stille
F Gästehaus
G Gartenhäuser
H Café im Gartenhaus, Klosterladen
I Brauhaus
J Wintergarten
K Äbtissinnengarten
L Rosengarten
M Gärten der Stiftsdamen
N Bleichwiese mit Küchengarten
O Klosterhof mit Sommerlinde
P Streuobstwiese
Q Domänengarten
R Bodenlabyrinth

Anschrift

Evangelisches Zentrum Kloster Drübeck
Tagungs- und Begegnungsstätte
Klostergarten 6
38871 Ilsenburg OT Drübeck

Eigentümer

Evangelische Kirche in Mitteldeutschland

Öffnungszeiten

Klostergärten und romanische Klosterkirche St. Vitus
6.30–19.00 Uhr
Abendandacht in der Klosterkirche Mo–Sa 18.00 Uhr

Anreise mit ÖPNV

Bhf. Ilsenburg/Bhf. Wernigerode, Bus ab Ilsenburg oder Wernigerode bis Drübeck

Anreise mit PKW

Über die B 6n (Abfahrt Ilsenburg oder Wernigerode-Nord), Parkmöglichkeiten am Kloster

Fahrrad-/Wanderrouten

Das Kloster Drübeck ist Servicestation am Europa-Radweg R 1

Führungen

April–Oktober
Di–Sa 14.00 Uhr
So, feiertags 11.00 und 14.00 Uhr
3,50 € pro Person, Führungen nach Vereinbarung 35,00 € bis 10 Personen, jede weitere Person 3,50 €
November–März nach Vereinbarung
Kostüm- oder Laternenführung nach Vereinbarung bis 10 Personen 45 €, jede weitere Person 4,50 €
Tel.: (03 94 52) 9 43 07

Ausstellungen

Wechselnde Ausstellungen im Galeriebereich des Eva-Heßler-Hauses

Veranstaltungen

Zahlreiche Konzerte, Lesungen und Vorträge, Höhepunkt „Romantische Nacht" (1. Sa im August)

Informationen

www.kloster-druebeck.de
Tel.: (03 94 52) 9 43 30

Gastronomie/Angebote

Übernachtungen, Tagungen und Konferenzen,
Kloster-Café und Weinstube im Gärtnerhaus

Der Äbtissinnengarten

lich wieder. Demzufolge waren die mauerumschlossenen Gärten der Stiftsdamen als fünf einzelne, formale Blumengärten mit einem Wegekreuz gestaltet und wurden von je einem Gebetshaus überblickt. Diese nutzten die einzelnen Stiftsdamen als Orte der Entspannung und Besinnung. Heute sind diese fünf Gärtchen mit ihren Gartenhäusern nach denkmalpflegerischen Gesichtspunkten restauriert und wieder errichtet.

Im Süden des Klosterkomplexes befanden sich im 18. Jahrhundert ein Baumgarten und der Garten der Äbtissin. Dieser war ebenfalls regelmäßig und teilweise mit einem

Blick zur Domäne (Domänengarten)

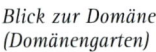

Wegekreuz gestaltet und mit axialer Beziehung von Osten nach Westen angelegt. Er besaß eine Eibenlaube und den Pavillon der Äbtissin. Ausgewachsene, imposante Eiben zeugen von der ehemaligen Eibenlaube. An der Westseite des Klosterhofs mit Linde befindet sich noch heute ein Brunnen mit stark verwitterter Löwenplastik und Säulenfragmenten. Um 1900 wurden die Gärten des 18. Jahrhunderts durch einen regelmäßig gestalteten Rosengarten mit Brunnen und Buchsbaumhecken im nördlichen Teil des ehemaligen Baumgartens ergänzt.

Befördert durch das Projekt „Gartenträume – Historische Parks in Sachsen-Anhalt", sind die seit 2001 nach dem alten Gartenplan (1737) von Jenny A. Dieckmann denkmalgerecht restaurierten historischen Gärten wieder im Stil des 18. Jahrhunderts zu besichtigen. Auch der Rosengarten erhielt seinen Gestaltcharakter des frühen 20. Jahrhunderts zurück und bildet einen einladenden intimen Gartenraum.

Heute ist das Kloster Drübeck ein Tagungs- und Begegnungszentrum der Evangelischen Kirche in Mitteldeutschland mit dem Pastoralkolleg, dem Pädagogisch-Theologischen Institut, einem Medienzentrum, dem Haus der Stille und einer Tagungs- und Begegnungsstätte.

Das Engagement der Geschäftsführung des Evangelischen Zentrums hat seit 1996 die Wiederherstellungen der Gärten in Zusammenarbeit mit dem Landesamt für Denkmalpflege in Sachsen-Anhalt gemeinschaftlich vorangetrieben.

Türme der Klosterkirche St. Vitus (Foto: Enrico Kreim)

Die Gärten der Stiftsdamen

Wernigerode

Schloss und Schlossgärten

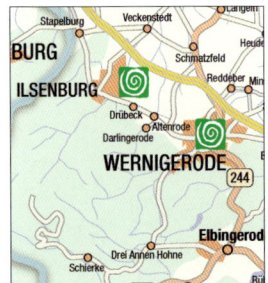

Schlossberg

Die exponierte Lage auf dem Schlossberg macht das von Gärten grün gerahmte Schloss zum Wahrzeichen der Stadt Wernigerode. Durch die natürliche Bergsituation ergeben sich vom Schloss eindrucksvolle Ausblicke in die umgebende Harzlandschaft bis zum Brocken.

Die Wernigeröder Schlossgärten bestehen aus drei Anlagenteilen. Dies sind die historisch geprägten Terrassengärten und der Schlossinnenhof als schlossnahe Gartenbereiche, der Lustgarten am nördlichen Fuß des Schlossberges und der ehemalige fürstliche Tiergarten, der das Schloss auf dem Schlossberg umgibt und sich bis zum Christianental im Osten des Schlosses hinzieht. Die sich am Hang in Terrassen erstreckenden historischen Anlagenteile verdienen als seltene

Am Fuß des Schlossbergs liegt der Lustgarten.

Form eines Höhengartens und im Zusammenspiel mit dem als national wertvolles Kulturdenkmal eingestuften historistischen Schloss besondere Beachtung. In ihrer Gesamtheit spiegeln die Gärten alle Gestaltungsphasen von der ersten Erwähnung als Tiergarten im 15. bis zu den Anlagen des Historismus im 19. Jahrhundert wider.

Schon Anfang des 12. Jahrhunderts entstand in Wernigerode die Burg als Grafenburg der Wernigeröder. Die bekannte Geschichte der Gartenanlagen begann jedoch erst im 15. Jahrhundert, als der Tiergarten unter dem Namen „Deirgarden" erstmalig erwähnt wurde.

Ein erster Lustgarten wurde zwischen 1571 und 1606 am Fuße des Schlossberges angelegt. Zur Gestaltung dieser frühen Anlage ist wenig bekannt. Ab 1713 dann erfuhr der Lust-

Orangerie im Lustgarten, heute Sitz des Landesarchivs

Lustgarten

- **A** Orangerie
- **B** Palmenhaus
- **C** Metallplastik „Dem Leben gewidmet" von Achim Kühn
- **D** Lustgartenmauerwall
- **E** Barockes Puttenpärchen
- **F** Kastanienplatz
- **G** Löwentor
- **H** „Fühlstein 1" von Dietmar Bönisch
- **I** Lindenallee
- **J** „Fühlstein 2" von Dietmar Bönisch
- **K** Spielwiese
- **L** Liegewiese
- **M** Brücke
- **N** Marstall

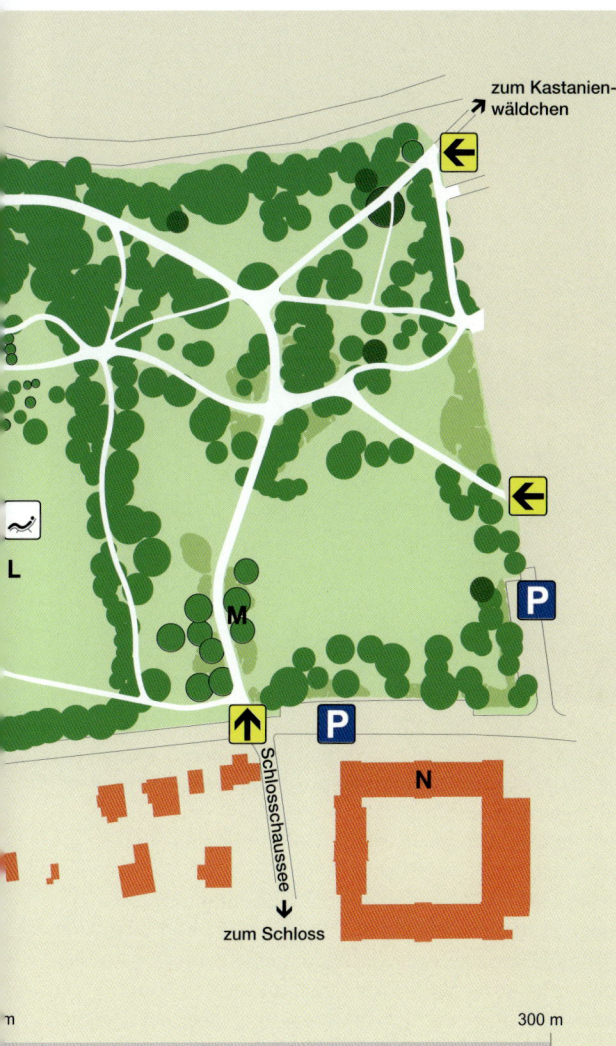

Anschrift
Schlossbereich (Terrassengärten) sowie Agnesberg östlich des Schlosses (Tiergarten) und an den Straßen Lindenallee/Am Lustgarten nördlich des Schlosses (Lustgarten), 38855 Wernigerode

Eigentümer
Stiftung Schloss Wernigerode/Stadt Wernigerode

Öffnungszeiten
Tiergarten und Lustgarten ganzjährig frei zugänglich, Terrassengärten und Schloss
Nov.–Apr.: Di–Fr 10.00–16.00 Uhr
Sa/So 10.00–18.00 Uhr
Mai–Okt.: 10.00–18.00 Uhr
eintrittspflichtig

Anreise mit ÖPNV
Bhf. Wernigerode, Fußweg ca. 15 Min. zum Lustgarten oder mit der „Wernigeroder Bimmelbahn" zum Schloss (20-Min.-Takt, Abfahrt hinter dem Rathaus), Schlossbahn (25-Min.-Takt, Abfahrt Parkplatz Altstadt/Schloss, Breite Straße)

Anreise mit PKW
B 6n (Abfahrt Wernigerode Zentrum), Parkplatz am nordöstlichen Ortseingang, Parkplatz Altstadt/Schloss nördlich des Schlosses, weiter zu Fuß oder mit der Schlossbahn, weiterer Parkplatz „Christianental"

Fahrrad-/Reitrouten
Internationaler Europa-Radweg R 1 und Altmarkkurs tangieren Wernigerode, Wandermöglichkeiten in den Harz, Reitwege im Bereich Agnesberg

Führungen
Schloss- und Geschichtswanderungen mit Berücksichtigung der Gartengeschichte
Anmeldung Tel.: (0 39 43) 55 30 30

Ausstellungen
Im Schloss

Schloss Wernigerode

*Seite 89 unten:
Blick auf die Stadt und zum Brocken*

Puttenschmuck im Lustgarten

garten unter Graf Christian Ernst zu Stolberg-Wernigerode eine Umgestaltung im barocken Stil und wurde zur West- und Südseite mit einer Mauer umgeben. Das Löwentor entstand und ein neues Lusthaus wurde errichtet, das jedoch 1744 wieder abgerissen wurde.

Die zur Unterbringung von Kübelpflanzen benötigte Orangerie baute man in den 1720er Jahren. Der Lustgarten besaß in seiner barocken Gestaltung eine geringere Ausdehnung als heute und erstreckte sich mit formalen Parterre- und Boskettbereichen vor der Orangerie und über zwei östlich davon gelegene Terrassen. Ausgestattet war der Garten im Stil der Zeit mit Kübelpflanzen, Figurenschmuck und Wasserkünsten sowie einer zwölfseitigen Sonnenuhr. Zeitzeuge des Barock ist noch heute das Löwentor mit dem Kastanienplatz.

Erste landschaftliche Umgestaltungen im Lustgarten fanden Anfang des 19. Jahrhunderts statt. 1787/90 kam es nach einer Periode des Verfalls sogar zum Verkauf von 126 Sandsteinfiguren und Kübelpflanzen. Zwischen 1823 und 1830 ließ Graf Henrich die endgültige Umgestaltung des Lustgartens im Stil eines englischen Landschaftsparks vornehmen. Die Orangerie wurde jetzt zur fürstlichen Bibliothek und zum Archiv. Um 1873 erbaute man, wahrscheinlich nach Plänen Carl Frühlings, neben der Orangerie ein Palmenhaus. Zu die-

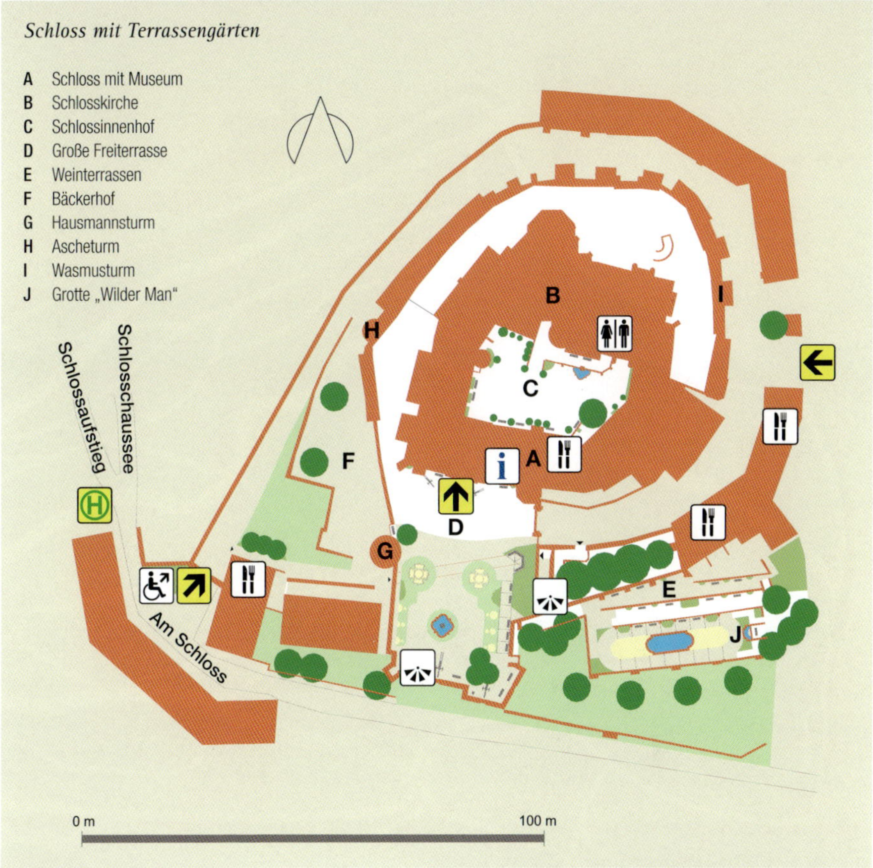
Schloss mit Terrassengärten
A Schloss mit Museum
B Schlosskirche
C Schlossinnenhof
D Große Freiterrasse
E Weinterrassen
F Bäckerhof
G Hausmannsturm
H Ascheturm
I Wasmusturm
J Grotte „Wilder Man“
Schlossaufstieg
Schlosschaussee
Am Schloss
0 m
100 m

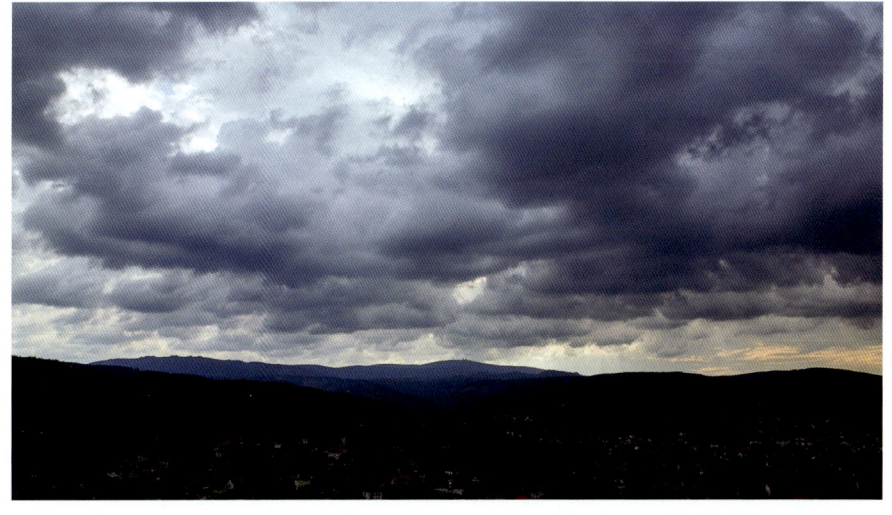

Tiergarten

- **A** Schloss mit Museum und Schlosskirche
- **B** Terrassengärten
- **C** Kastanienwäldchen (Maronen)
- **D** Lustgarten mit Orangerie
- **E** Ehemaliger fürstlicher Tiergarten
- **F** Wildpark Christianental
- **G** Agnesberg
- **H** Silbertannenwiese

- **a** Tiergartenmauer
- **b** Ruine Ernestinen-Haus
- **c** Blockhaus
- **d** Forellenbrunnen
- **e** Spielhaus
- **f** Bärenzwinger
- **g** Fürstengruft
- **h** Marstall

Gedenksteine

1. Denkmal der göttlichen Errettung
2. Eurocamp 2004/2007
3. Constantin-Stein
4. Fürsten-Stein
5. Altar der Wahrheit
6. Denkmal Hermann von Hoff

Veranstaltungen

Im Juli/August Wernigeröder Schlossfestspiele mit Opernaufführungen, Konzerten und Open-Air-Kinonächten, weitere Konzerte in der Schlosskirche und im Schloss, Winterschloss: 25. Dezember bis Hl. Drei Könige

Informationen

www.schloss-wernigerode.de
Erläuterungstafeln zum Park und zu wichtigen Bauwerken im Lustgarten und im Tiergarten; verschiedene Schlossräume, Kirche und Schlossinnenhof können für Veranstaltungen und Feierlichkeiten gemietet werden
Stadt Wernigerode
Tel.: (0 39 43) 65 46 88

Gastronomie/Angebote

Museumscafé im Schloss, Gaststätte „Schlossterrassen", Gaststätte „Christianental", diverse Übernachtungs- und Gastronomieangebote in Schlossnähe und in der Stadt Wernigerode, Museumsladen im Schloss

Sehenswürdigkeiten in der Umgebung

Stadt Wernigerode mit historischer Innenstadt, Wernigeröder Bürgerpark mit Miniaturenpark „Kleiner Harz", Harzer Schmalspurbahn mit Ziel Nordhausen und Brocken (Haltestellen in Wernigerode: u. a. am Hbf.), Blankenburg mit Schlossgärten, historischem Rathaus und Altstadtkern, Kloster Michaelstein mit Musikinstrumentenmuseum, Kräuter- und Gemüsegarten, Burgruine Regenstein, Ilsenburg mit historischer Innenstadt, Kirchen, Kloster Drübeck, Glasmanufaktur in Derenburg, Rübeland mit Tropfsteinhöhlen und Talsperre, Elbingerode mit Schaubergwerken und Bergbaulehrpfad

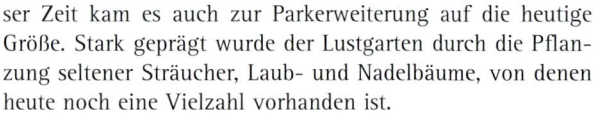

Große Freiterrasse vor dem Schloss

ser Zeit kam es auch zur Parkerweiterung auf die heutige Größe. Stark geprägt wurde der Lustgarten durch die Pflanzung seltener Sträucher, Laub- und Nadelbäume, von denen heute noch eine Vielzahl vorhanden ist.

Im Bereich der schlossnahen Anlagen bestand schon 1520 ein Weingarten, dessen genaue Formgebung nicht überliefert ist. Erst mit Umbau des Schlosses als Gesamtensemble im Stil des Historismus durch Carl Frühling unter Fürst Otto zu Stolberg-Wernigerode erhielten diese Anlagen ihre heute in den Grundstrukturen überlieferte Gestaltung. Die große Freiterrasse entstand zu dieser Zeit, der ehemalige Weingarten und Innenhof wurden ebenfalls durch Carl Frühling umgestaltet. Dem Stil des späten 19. Jahrhunderts folgend, war die große Freiterrasse formal mit einer Brunnenanlage, exotischen Kübelpflanzen (Palmen), Blumenbeeten und Rasenflächen gestaltet. Die dreistufige Weingartenterrasse war axial auf die Wandgrotte mit dem „Wilden Mann" ausgerichtet.

Im schon im 15. Jahrhundert erwähnten Tiergarten wurde 1568 ein palisadenumsäumter Bereich am heutigen Agnesberg eingerichtet, den die gräfliche Familie zur Jagd nutzte. In der Folgezeit erlebte der Tiergarten Phasen der Abholzung, Neuanlage, Erweiterung und forstwirtschaftlich-ästhetischen Aufwertung.

Im 18. und 19. Jahrhundert errichtete man verschiedene Lusthäuser, so die Agnesburg und das Ernestinenhaus, die nicht mehr bestehen. Verschiedene Denkmale wurden zur

Der Hausmannsturm

Verschönerung des Tiergartens aufgestellt, darunter das Denkmal der „Göttlichen Errettung" oder der „Altar der Wahrheit".

Im Jahre 1930 verkleinerte man den Tiergarten wieder auf seine ursprüngliche und heutige Größe. Das Schloss wurde in Teilen öffentlich zugänglich. Bis heute sind die Wege im waldartigen Tiergarten überwiegend nach Mitgliedern der gräflichen Familie (z. B. Agnesweg, Annaweg) benannt. In den Waldbestand eingestreut befinden sich verschiedene Koniferengruppen und markante, auch seltene Einzelbäume und

Von den Schlossterrassen beeindruckt der weite Blick auf die Berge des Harzes.

Terrassengärten

Grotte „Wilder Mann"

*Seite 95:
Untere Terrasse in üppiger Blüte mit Blick zum „Wilden Mann"*

Untere Ebene der Weinterrassen

Alleen. Eine Besonderheit ist das als flächenhaftes Naturdenkmal ausgewiesene Kastanienwäldchen, das bereits seit 1756 als Plantagenpflanzung aus Esskastanien bestand.

Während des Zweiten Weltkrieges kam es an verschiedenen Stellen des Lustgartens zu Schäden durch Bombenabwürfe. Das Palmenhaus, das sich in Privatbesitz befindet, ist heute stark verfallen. 1945 ging das Schlossensemble nach Enteignung in öffentliches Eigentum über. Das Schloss wurde zunächst Depot für Kunstschätze und dann Museum, die Orangerie im Lustgarten zum Archiv.

Umfangreiche Restaurierungsarbeiten wurden im Lustgarten seit 1990 durchgeführt. Im Jahr 2006 konnten die Arbeiten an der großen Freiterrasse und an den Weinbergterrassen abgeschlossen werden. Hierdurch ist der interessante historische und gestalterische Einklang mit dem Schloss wieder deutlich erkennbar.

Halberstadt

Landschaftspark Spiegelsberge

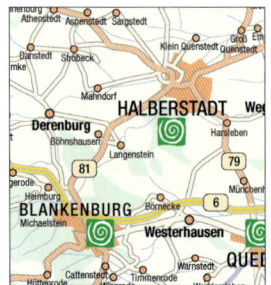

Die Spiegelsberge auf einem Höhenzug südlich von Halberstadt sind benannt nach ihrem ehemaligen Eigentümer, dem Halberstädter Domdechanten Ernst Ludwig Freiherr von Spiegel. Unter seiner Regie entstand, noch bevor man sich an der Wörlitzer Gartengestaltung orientieren konnte, ab 1761 ein im englischen Stil gestalteter Landschaftspark.

Dietrich Ernst Georg von Spiegel zu Peckelsheim, ein Neffe des Domdechanten, weilte einige Zeit in England und war auch oft zu Gast in den Spiegelsbergen, weswegen vermutet wird, dass auch er Anregungen für die Parkgestaltung einbrachte. Der Park nimmt als einer der frühesten seines Stils in Deutschland eine besondere Stellung ein.

An vielen Beispielen wird der Einfluss der Aufklärung sichtbar und auch freimaurerische Ideen fanden ihren Niederschlag im Park. Dazu passt es, dass von Spiegel seinen Park bereits ab 1771 öffentlich zugänglich machte und sich auch damit den Ruf als Menschenfreund erwarb: „Er lebte geliebt von allen Menschen" steht auf seinem Sarg, den man heute noch im Mausoleum betrachten kann. Die Gebeine des Freiherrn wurden allerdings 1811 in die Familiengruft nach Seggerde überführt und ruhen heute noch dort.

Mausoleum in den Spiegelsbergen

In Stein gehauenes Fabelwesen

Gedenksäule

Verwunschene Treppen erschließen das hügelige Gelände.

Der Landschaftspark Spiegelsberge besticht vor allem durch seine ungewöhnlich hügelige Topografie und die reiche Ausstattung an Staffagen. Darunter versteht man kleine Bauwerke, die als malerischer Blickfang in die Landschaft gesetzt wurden, wie die Eremitage (1772) mit ihren unterirdischen Grotten, der Aussichtsturm Belvedere (1782) oder das Mausoleum (1783). Vom Badehaus, 1788 errichtet, sind nur die Fundamente erhalten geblieben. Es besaß zwei Türmchen, eine Badestube und einen davor befindlichen Fontänenbrunnen.

Auf dem Bergkamm entstand 1780/82 das Jagdschlösschen zur Repräsentation und für Feste. Es beherbergt heute ein Restaurant mit Pension. In die Südfassade integrierte der Bauherr ein Renaissance-Portal des baufällig gewordenen Schlosses im nahen Gröningen. Ebenfalls aus dem Gröninger

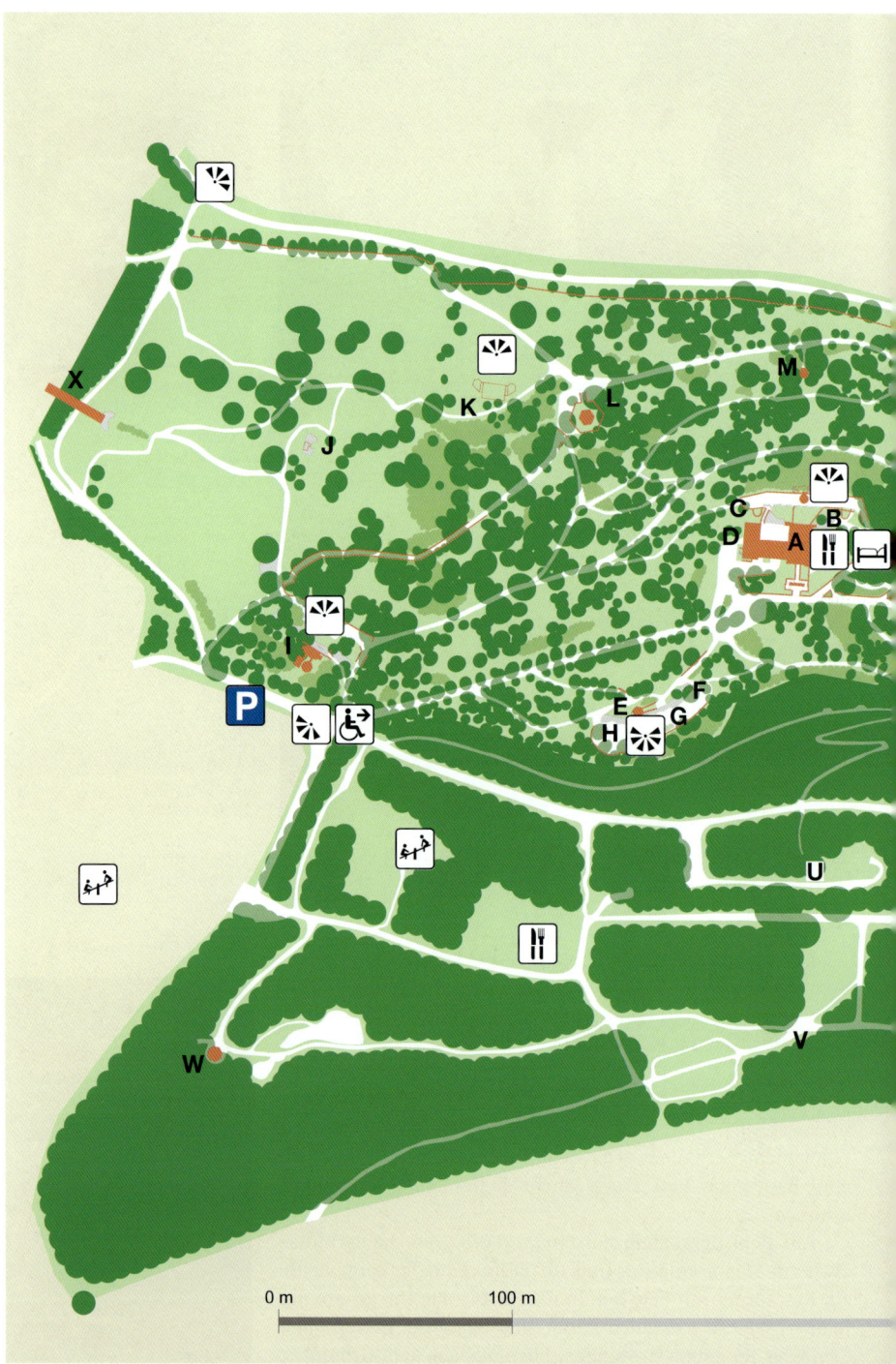

A Jagdschloss
B Saldern'sche Grotte
C Rochowsche Grotte
D Gedenksäule
E Belvedere
F Heinrichs Höhe
G Sonnennischen
H Erlachs Ruh
I Eremitage
J Schäferhöhle
K Ehemaliges Badehaus
L Mausoleum
M Sitzplatz „Grüner Schröder"
N Alter Scheibenplatz
O Schwerinsburg
P Schwerinsruh
Q Brunnen
R Ehemaliges Pächterhaus, Gästehaus
S Fasanerie
T Ökonomie, Reiterhof
U Neue Schießhöhle im Tiergarten
V Neuer Scheibenplatz im Tiergarten
W Pavillon im Tiergarten
X Ehemalige Holzbrücke in Richtung Bismarckturm

Anschrift
Spiegelsberge
38820 Halberstadt

Eigentümer
Stadt Halberstadt

Öffnungszeiten
Park ganzjährig frei zugänglich, Tiergarten separat, eintrittspflichtig

Anreise mit ÖPNV
Bhf. Halberstadt-Spiegelsberge, von hier Fußweg entlang Spiegelsbergenweg ca. 10–15 Min., vom Hbf. Halberstadt: Straßenbahn bis Herbingstraße, weiter mit dem Bus (wochentags) oder mit der Straßenbahn (Wochenende) bis Station Kirschallee

Anreise mit PKW
Über die B 79 oder B 81, Ausschilderung Richtung Tiergarten folgen bis Parkplatz Kirschallee

Fahrrad-/Reitrouten
Verbindung an den Harzrundweg und an den Europa-Radweg R 1 vorhanden, Harzvorlandradweg, Reitwege in die landschaftlich reizvolle Umgebung

Führungen
Mai–Oktober
Buchung über die Halberstadt Information
Tel.: (0 39 41) 55 18 15

Informationen:
www.halberstadt.de
www.halberstaedter-berge.de
www.harzinfo.de
www.harz-online.de
Halberstadt Information, Kasse Tiergarten, reich bebilderte Publikation zur Geschichte des Landschaftsparkes Spiegelsberge, Infotafeln am Parkeingang und an den Parkarchitekturen

Gastronomie/Angebote
Gaststätte im Jagdschloss
Waldschänke im Tiergarten
Gästehaus Spiegelsberge

Steinrelief an den Grotten

Schloss stammt das noch heute im Keller befindliche gigantische Weinfass aus dem Jahr 1594 mit einem Volumen von 144 000 Litern, das als ältestes Riesenweinfass der Welt in das Guinnessbuch der Rekorde eingetragen ist. Von der Terrasse des Jagdschlösschens bietet sich eine besonders schöne, ungestörte Sicht auf die historische Stadtsilhouette mit Dom und Liebfrauenkirche.

Weitere sehenswerte Parkarchitekturen sind die beiden Grotten unterhalb des Jagdschlosses, die nach Halberstädter Persönlichkeiten benannt wurden. Die Saldern'sche Grotte erinnert an den Regierungsrat von Saldern, der sich um die Wasserversorgung in Halberstadt verdient gemacht hatte. Eberhard von Rochow, ein preußischer Aufklärer des 18. Jahrhunderts, gab der zweiten Grotte seinen Namen. Er gründete das erste Landschullehrerseminar in Preußen und verbesserte damit entscheidend die Bildungschancen der Landbevölkerung.

Sehenswürdigkeiten in der Umgebung

Tiergarten am Park
Freizeit- und Sportzentrum „Am Sommerbad" mit Badewelt, Sauna, Fitness, Sport
Spiele-Magazin: barrierefreier Indoorspielplatz
Dom St. Stephanus und Sixtus
Liebfrauenkirche (Straße der Romanik)
Museen und Nordharzer Städtebundtheater

rechts: Jagdschloss

Eremitage

Blick auf Halberstadt von den Spiegelsbergen

Seit 1904 befindet sich die Parkanlage im Besitz der Stadt Halberstadt. Um die Spiegelsberge zu einem Naherholungsgebiet zu entwickeln, führte man in den 1950er und 1960er Jahren umfangreiche Sanierungsarbeiten durch. In diese Zeit fällt auch die Gründung des Tiergartens im Südbereich der Spiegelsberge. Nach Erstellung einer fundierten Konzeption begann 2007 die Wiederherstellung der historischen Parkanlage unter denkmalpflegerischen Gesichtspunkten.

Das Belvedere mit den Sonnennischen

Blankenburg (Harz)

Schloss und Schlossgärten

Das Schlossensemble von Blankenburg stellt ein gut erhaltenes Beispiel deutscher Kleinresidenzen des Barock mit Terrassen-, Fasanen- und Berggarten, landschaftlich gestaltetem Schlosspark und Tiergarten dar. Es ist zusammen mit der Stadt ein lohnendes Ausflugsziel. Die Gärten liegen eingebettet in das hügelige Harzvorland der Stadt Blankenburg und sind über vielfältige Blickbeziehungen mit dem welligen, bewaldeten Umland und mit der Stadt eng verbunden. Auch über die baulichen Reste der Stadtmauer im Berggarten und das alles überragende Große Schloss auf dem Schlossberg ist der Altstadtkern mit den Gärten entwicklungsgeschichtlich verzahnt.

Die Burg Blankenburg wurde schon 1123 als „Castrum blankenburch" erstmals urkundlich erwähnt, und spätestens 1668 ist auch die Existenz eines Tiergartens als eingefriedeter Jagdpark nachweisbar. Anfang des 18. Jahrhunderts dann, mit der Entfaltung eines prunkvollen höfischen Lebens unter Herzog Ludwig Rudolph, errichtete man unter teilweiser Verwendung früherer Anlagen das Große Schloss nach den Plänen Hermann Korbs (1656–1735). Ab 1718 entstand ein Lustgarten, der auf einer Gouache aus dem Jahre 1734/35 dargestellt ist. Das 1725 zunächst als das Kleine Schloss erbaute Orangenhaus, wurde ab 1729 als Gartenhaus bewohnt.

Der Bronzelöwe kam durch das Adelshaus Hannover nach Blankenburg.
(Foto: Marko Sandro Schüren)

Das Kleine Schloss

Der barocke Terrassengarten erstreckt sich in mehreren Ebenen als formal gestaltete, wohlproportionierte Schmuckanlage hinter dem Kleinen Schloss und ist mit Treppen- und Maueranlagen, Brunnen und Figurenschmuck ausgestattet. Um 1736 kam die Neptungrotte dazu, hinter der sich der Melonenplatz mit Treibhäusern anschloss, wo empfindliche Pflanzen wie Ananas und Melonen gezogen wurden.

Ein ursprünglich sehr bedeutender Teil des Lustgartens war der Orangerieplatz, der im 18. Jahrhundert Figurenschmuck und einen reichhaltigen Kübelpflanzenbestand aus Myrten, Orangen, Oleander, Granatäpfeln, Feigen und anderen Gewächsen besaß.

Der durch Rasenstufen terrassierte Berggarten erlaubt mit seiner Hanglage vielfältige Ausblicke in die umgebende Landschaft, auf die Stadt Blankenburg und den Terrassengarten am Kleinen Schloss. Sein zentraler Teil wurde in der heute noch in Grundstrukturen erhaltenen Gestaltung im 18. Jahrhundert vom Leibarzt des Herzogs, Dr. Reck, errichtet. Der Garten war von der Stadtmauer mit ihren Wehrtürmen umschlossen, wobei eines der Türmchen von den Prinzessinnen zum Spielen genutzt wurde. Heute ist es als Ferienwohnung ausgebaut. Zur ehemaligen Gestaltung des bereits um 1700 erwähnten Fasanengartens sowie des Tiergartens und des Schlossparks gibt es vergleichsweise wenige Hinweise. Der Schlossteich diente im Schlosspark als Reservoir zur Wasserversorgung mehrerer innerstädtischer Wassermühlen und der Wasserspiele in den Gärten.

In späteren Jahren fanden immer wieder kleinere Veränderungen statt. So kam es im späten 19. Jahrhundert unter Prinz Albrecht von Preußen zur Ausgestaltung des Aussichtsplatzes im Berggarten mit zwölf Kaiserbüsten. 1935 wurde in Gedenken an Herzog Leopold Maximilian Julius (1752–

Anschrift
Schnappelberg 6
38889 Blankenburg (Harz)

Eigentümer
Stadt Blankenburg (Harz)

Öffnungszeiten
Schlosspark und Tiergarten
ganzjährig frei zugänglich
Terrassengarten, Berggarten und Fasanengarten
April–September
9.00–21.00 Uhr
Oktober–März
10.00–17.00 Uhr
Kleines Schloss, Tourist- und Kurinformation
ganzjährig Mo–Sa 10.00–17.00 Uhr
zusätzlich Mai–Oktober
So 14.00–17.00 Uhr
Großes Schloss
Februar–Dezember
Di–So 10.00–16.00 Uhr

Anreise mit ÖPNV
Bhf. Blankenburg, vom Bhf. ca. 750 m über Bahnhofstraße, Herzogstraße und Lühnertorplatz zum Schnappelberg

A Großes Schloss
B Kleines Schloss
C Orangerieplatz
D Terrassengarten
E Obere Mühle
F Mühlengarten
G Berggarten mit Teehaus und Prinzessinnenturm
H Fasanengarten
I Schlosshotel
J Fürstengrund
K Vormals Wagenremise
L Vormals Marstall
M Vormals Parkwärterhaus
N Schlossteich
O Schlosspark
P Berghotel Vogelherd
Q Damwildgatter
R Hirschtor
S Lutherberg
T Calvinusberg mit Luisenburg
U Tiergarten
V Silberhüttenteich

Anreise mit PKW

B 6, B 27, B 81 nach Blankenburg (Zentrum), Parkplatz am Schnappelberg östlich der Altstadt

Fahrrad-/Wanderrouten

Europa-Radweg R 1 und Harzvorland-Radwanderweg tangieren Blankenburg und den Schlosspark, Wanderroute „Auf den Spuren der deutschen Könige und Kaiser des Mittelalters", thematische Wanderwege um Blankenburg (Mühlenwanderweg, geologischer Wanderweg)

Führungen

Schlossgärten
Mai–Oktober: So 14.00 Uhr
Mondscheinführung
Mai–Oktober: Mi 21.00 Uhr
Kleines Schloss
Fr 15.00 Uhr Führung durch die Ausstellung
Großes Schloss
März–September
Sa 14.00–16.00 Uhr
Tel.: (0 39 44) 28 98

Ausstellungen

www.blankenburg-tourismus.de

Veranstaltungen

Mai–September:
Kurkonzerte So 15.00 Uhr

Informationen

Tourist- und Kurinformation
Schnappelberg 6
38889 Blankenburg (Harz)
Tel.: (0 39 44) 28 98
touristinfo@blankenburg.de
www.blankenburg-tourismus.de

Gastronomie/Angebote

Gaststätten, Hotels und Pensionen im Park und im direkten Umfeld

Sehenswürdigkeiten in der Umgebung

Harzstädte Blankenburg, Wernigerode, Quedlinburg und Halberstadt, Felsen der Teufelsmauer (Naturdenkmal), Straße der Romanik (Kloster Michaelstein mit Kräutergarten), Burg und Festung Regenstein, Pfarrkirche St. Bartholomäus, historische Rübelandbahn, Tropfsteinhöhle und Besucherbergwerk in Rübeland

1785), der bei einer Rettungsaktion für hochwassergefährdete Menschen in der Oder bei Frankfurt ertrunken war, ein Denkmal am Melonenplatz aufgestellt.

In den 1950er Jahren überarbeitete man die Gartenanlagen als öffentliche Grünanlage, die aber in der Folge vernachlässigt und teilweise sogar als Obst- und Gemüsegarten genutzt wurde. Einige Gartenbereiche, wie der Berggarten, verwilderten. Im Bereich des Fasanengartens entstand eine Kleingartenanlage.

Erste Restaurierungen fanden zwischen 1975 und 1980 im Terrassengarten statt. Seit den 1990er Jahren wurde der Berggarten in Teilen rekonstruiert und die Stadtmauer saniert. Der Fasanengarten wurde unter Erhalt historischer Grundstrukturen kunstvoll mit modernen Elementen gestaltet.

Skulpturen im Terrassengarten

links: Die Neptungrotte im Terrassengarten

Fasanengarten (Foto: Jana Böhme)

16 Quedlinburg

Stiftsgärten

Die Stiftsgärten in Quedlinburg bestehen aus dem Schlossgarten hoch oben auf dem Schlossberg und den in der Ebene gelegenen Anlagen des Abteigartens und des Brühlparks. Seit der Wiederherstellung der barocken Gartenachse durch den Abteigarten im Jahre 2006 ist dieses Ensemble wieder als zusammengehöriger Dreiklang erlebbar.

Der Schlossgarten geht in seiner heutigen Form auf die Planungen des Diplom-Gartenbauinspektors und Quedlinburger Gewerbelehrers Gustav Volkamer zurück, der die Entwürfe zusammen mit der Gartenarchitektin Paula von Zelewski um 1930 ausarbeitete. Sie hatten die streng geometrische Form des alten Renaissancegartens aufgegriffen und mit neuen Gestaltungselementen verbunden.

Von den Terrassen am Schloss schweift der Blick über den Abteigarten. Wie ein großer runder Spiegel liegt die Brunnenanlage in seinem Zentrum. Im 18. Jahrhundert erstreckten sich beiderseits der auf das Schloss ausgerichteten Mittelachse neben Obstbäumen und Nutzgärten auch aufwendig gestaltete Lustparterres. Als das Stift 1802 aufgelöst wurde, verkaufte man den Abteigarten, der fortan im Erwerbsgartenbau genutzt wurde und in der Saatzucht internationale Bedeutung erlangte.

Blick vom Abteigarten zum Schloss

Anschrift
Platz des Friedens
06484 Quedlinburg

Eigentümer
Stadt Quedlinburg

Öffnungszeiten
Park ganzjährig frei zugänglich

Anreise mit ÖPNV
Bhf. Quedlinburg (Entfernung zum Park ca. 1 km), ggf. weiter mit dem Bus bis zur Haltestelle „Wasserwerk" direkt am Parkeingang

Anreise mit PKW
Über die B 6, B 79, L 66, L 239, L 242, Parkplätze in den umliegenden Straßen des Parks

Weite Sicht vom Schlossberg

rechts: Das weithin sichtbare Quedlinburger Schloss mit Stiftskirche

Kräuter- und Rosengarten am Schloss

Die Gartenachse des Abteigartens setzt sich im Brühlpark gestalterisch fort. Bereits 1179 existierte im Bereich dieses Parks der „Broil" als Wald des St.-Wiperti-Klosters. Der Name des ebenen Terrains in der Talniederung der Bode leitet sich dabei von der altdeutschen Bezeichnung für eine feuchte Wiese ab.

Nach den Zerstörungen der Bauernkriege ging der bis dahin von Mönchen genutzte Brühl mit dem Kloster an das kaiserlich-freiweltliche Damenstift. Schon in damaliger Zeit war der vor den Toren der Stadt gelegene Brühl als Lustwald beliebt. Ende des 17. Jahrhunderts wurden unter der Äbtissin

Das Klopstock-Denkmal nach einem Entwurf Karl Friedrich Schinkels wurde 1831 im Brühlpark errichtet.

Anna Dorothea von Sachsen-Weimar der Brühl und der anschließende Abteigarten im Stil des Barock neu gestaltet. Hierbei entstanden der Holländergraben und der barocke Jagdstern im Brühl. Letzterer besaß eine quadratische Grundstruktur mit einem zentralen Rundplatz, der im Schnittpunkt zweier Kreuzalleen lag. Rund 70 Jahre später (1757) erhielt der Jagdstern unter Äbtissin Anna Amalia von Preußen, der Schwester Friedrichs des Großen, zwei zusätzliche Diagonalalleen.

Schon zu Ende des 18. Jahrhunderts zogen erste landschaftliche Partien in den erweiterten Brühl ein, und um 1817 schenkte der preußische König Friedrich Wilhelm III. der Stadt Quedlinburg den Park, der nun von der neu gegründeten Brühlkommission geleitet wurde.

1866 beauftragte der Magistrat der Stadt den bekannten Landschaftsgärtner Eduard Petzold mit dem Entwurf einer Überarbeitung des Brühls. Petzolds Planung erhielt dabei größtenteils das Alleensystem am Holländergraben. Die von ihm vorgesehenen Ausholzungsmaßnahmen zur Freistellung der Alleebäume führten jedoch zu massiven Bürgerprotesten, sodass Petzolds Planungen nicht vollständig ausgeführt wurden. Den im Süden liegenden Bereich überzog Petzold mit einer landschaftlichen Gestaltung, wobei er die Bode als natürliches Element einbezog.

Durch den Magdeburger Gartendirektor Schoch wurde die Parkanlage um 1900 überarbeitet und erweitert. Die Entwicklung zu einem Volkspark setzte sich in den 1920er und 1930er Jahren mit der Errichtung eines Staudengartens, einer

Vogelvoliere und eines Rehgeheges sowie der Gestaltung des Ritterplatzes fort.

In ihren Grundzügen sind der barocke Jagdstern und die späteren landschaftlichen Erweiterungen heute noch erhalten. Das 1865 eingeweihte Ritterdenkmal im neogotischen Stil ist schon von der Brühlstraße zu sehen. Es erinnert an den in Quedlinburg geborenen Geografen Carl Ritter (1779–1859). Weiterhin befindet sich im Park seit 1831 das Denkmal für den Dichter und Dramatiker Friedrich Gottlieb Klopstock (1724–1802), einen weiteren Sohn der Stadt Quedlinburg. Es wurde im klassizistischen Stil nach einem Entwurf Karl Friedrich Schinkels errichtet. Die dazu gehörige Porträtbüste stammt vom Berliner Bildhauer Friedrich Tieck (1776–1851).

Das 1865 eingeweihte Ritterdenkmal stand ursprünglich auf dem Platz des Friedens und wurde 1935 an seine heutige Stelle versetzt.

Fahrrad-/Wanderrouten

Quedlinburg ist eingebunden in den Fahrradwanderweg „Aller-Harz-Weg", vom Europa-Radweg R 1 Abstecher nach Quedlinburg möglich

Informationen

www.quedlinburg.de

Gastronomie/Angebote

Hotel/Weinstube am Brühl
Hotel/Restaurant „Schlossmühle"
Restaurant „Schlosskrug am Dom"

Sehenswürdigkeiten in der Umgebung

Quedlinburger Innenstadt mit Schlossberg, Stiftskirche und ca. 1200 Fachwerkhäusern aus sechs Jahrhunderten (UNESCO-Welterbe), Romanische Stiftskirche St. Servatius mit Domschatz und Klosterkirche St. Wiperti („Straße der Romanik"), Schlossmuseum, Feininger-Galerie, Münzenberg

Rieder

Roseburg

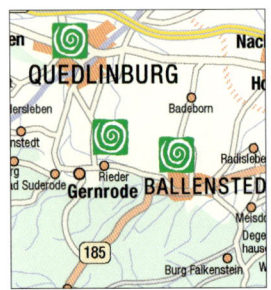

Die auf einer Hügelkuppe westlich von Ballenstedt gelegene Roseburg ist unbedingt einen Besuch wert. Im Mittelalter stand hier die Rudolphsburg, die im 16. Jahrhundert wüst fiel. 1905 erwarb der aus dem anhaltinischen Edderitz stammende Architekt Bernhard Sehring (1855–1941) das geschichtsträchtige Terrain aus dem Besitz Anhalt-Dessau. Einen Namen hat sich Sehring, der sich um 1886 in Berlin niederließ, vor allem als Theaterarchitekt gemacht. Von ihm stammen das Theater des Westens in Berlin (1895/96), die Stadttheater in Bielefeld (1902/04), Halberstadt (1905) und Cottbus (1907/08) sowie das Schauspielhaus in Düsseldorf (1905).

1907 begann Sehring mit dem Bau der Roseburg, die er als Sommersitz und Aufstellort seiner gesammelten Kunstschätze plante. Das Anwesen wurde durchgehend im Stil einer mittelalterlichen deutschen Burganlage errichtet, mit Torhaus, Dojon (Wohnturm) und Wachturm mit aufsteigendem Wehrgang. Eine 1600 Meter lange Steinmauer umfasste damals wie heute die Vorburg.

Später entstand das sogenannte Mausoleum mit dem Aussichtsturm, der weite und einmalige Ausblicke in die Harzlandschaft bietet. Im Park vereinigte Sehring stilpluralistische Gartenzitate der italienischen Renaissance, des Barock und englischer Landschaftsgärten.

rechts: Die Wasserachse

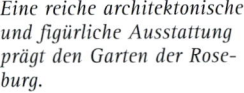

Eine reiche architektonische und figürliche Ausstattung prägt den Garten der Roseburg.

A Burgeingang, Torhaus
B Roseburg, Wohnturm
C Remise
D Georgsturm
E Voliere
F Florabrücke
G Aussichtsterrasse
H Terrassierte Wasserachse
I Lindenallee mit Puttengalerie
J Aussichtskanzel mit Löwen-Skulptur
K Reste der ehemaligen Rudolphsburg
L Rondell mit italienischen Büsten
M Aussichtsturm
N Treppengang zum Wachturm
O Wachturm
P Terrasse am Wachturm

Anschrift
Roseburg
06493 Ballenstedt OT Rieder

Eigentümer
Frau Illmer, Berlin

Öffnungszeiten
Park ganzjährig zugänglich
eintrittspflichtig

Anreise mit ÖPNV
Bhf. Quedlinburg, Bhf. Halberstadt, bis Bhf. Gernrode, dann mit dem Bus bis Roseburg (Rieder), von Ballenstedt nur Bus

Anreise mit PKW
An der B 186 zwischen Rieder und Ballenstedt gelegen, Abzweig zur Roseburg nördlich hügelan (beschildert), Parkplatz vor der Burg und an der B 186

Tipp für Flugfans
Der Verkehrslandeplatz Ballenstedt-Quedlinburg ist für Fluggerät bis 5,7 t ganzjährig geöffnet. Von hier weiter über Wanderwege oder per Bus, Taxi oder Mietwagen

Fahrrad-/Wanderrouten
Über den Fürstenweg, beginnend südlich der B 185, existiert ein Fußweg zum Schlosspark Ballenstedt und über Rieder nach Gernrode. Guter Wanderweg vom Verkehrslandeplatz Ballenstedt-Quedlinburg über die Roseburg und durch das Naturschutzgebiet Schierberge nach Rieder, Gernrode

Information/Führungen
Tel.: (01 52) 59 71 84 74
www.roseburg-gartentraeume.de
roseburgrieder@gmx.de

Veranstaltungen
Der Förderverein Roseburg e. V. führt ganzjährig mehrere familienfreundliche und unterhaltsame Veranstaltungen durch.

Gastronomie/Angebote
Café im Wohnturm der Burg ganzjährig geöffnet
Tel.: (01 76) 56 71 53 42
Burgcafe-Roseburg@gmx.de

> **Sehenswürdigkeiten in der Umgebung**
>
> Stadt Quedlinburg, Romanische Stiftskirche Gernrode, Harzer Schmalspurbahn (HSB) mit Ausflugsmöglichkeiten zum Brocken, durch das Selketal, über Wernigerode bis Nordhausen, Schlosspark Ballenstedt, Sehenswürdigkeiten auf der vorbeiführenden Straße der Romanik

Fortuna in der Wasserachse

Terrasse mit Chimären

Puttengalerie in der Lindenallee

Am Aussichtsturm beginnt das Rückgrat des Parks, die 100 Meter lange, terrassierte formale Wasserachse. Außer den Wasserspielen gehören Brücken, Treppen, Balustraden sowie Kleinarchitekturen zur Ausstattung. Gleichzeitig ist der Park fast überreich mit Putten, Skulpturen, Grotten, Mosaiken und sogar Grabsteinen aus Natur- und Kunststein ausgestattet, die Sehring als unermüdlicher Sammler im Original oder als Nachbildungen zusammengetragen hat. Die Anordnung der Baum- und Strauchgruppen sowie markanter Einzelbäume entstammt der Grundidee eines englischen Landschaftsgartens. Die den Park erschließenden, höhenmäßig unterschiedlich angeordneten Wege führen zu immer neuen Ein- und Ausblicken. In der Kombination von landschaftlichen und formalen Gartenelementen sowie in der Verwendung unterschiedlichster Stile verdeutlicht sich der historistische Gestaltungsansatz des späten 19. und frühen 20. Jahrhunderts, der in der Roseburg einen exzentrisch überspitzten Höhepunkt fand.

*Wachturm
(Foto: Melanie Ockert)*

Überreich ist der Figurenschmuck im Garten der Roseburg

Erst 1933 öffnete Sehring seinen Privatbesitz der Öffentlichkeit. Nach dem Tod seiner Witwe im Jahre 1950 verfiel die Anlage. Später übernahmen die LPG Rieder sowie die Kreisorganisation Quedlinburg des Kulturbundes der DDR die Anlage. Sehrings Sammlungen innerhalb der Gebäude wurden teilweise in verschiedene Museen ausgelagert, die Parkanlage jedoch blieb im Wesentlichen erhalten.

Ab 1984 fanden erste Sanierungsarbeiten durch die Agrargenossenschaft Rieder statt. Im Jahr 2005 kaufte dann die Berliner Unternehmerfamilie Illmer die Roseburg. Zusammen mit dem 2008 gegründeten Förderverein Roseburg e. V., der die Parkanlage auch pflegt und entwickelt, konnte die Roseburg umfangreich saniert (2008–2010) und so vor dem Verfall gerettet werden.

Heute geben die zitierten Garten-Idealvorstellungen verschiedener Jahrhunderte dem Park seinen märchenhaften Charakter mit vielen Überraschungsmomenten. Die Anlage ist ein Ensemble von ganz besonderem Reiz.

Ballenstedt
Schloss und Schlosspark

Anschrift
Schlossplatz
06493 Ballenstedt

Eigentümer
Stadt Ballenstedt,
Jagdschlösschen Röhrkopf privat

Öffnungszeiten
Park ganzjährig frei zugänglich,
Galerie im Schloss, Schlosskirche
und Schlossbesichtigung
eintrittspflichtig

Anreise mit ÖPNV
Westbahnhof Ballenstedt, Bus vom
Bhf. (bis Station „Am Schlosspark")

Anreise mit PKW
Über B 185, Parkplatz südlich des
Schlossplatzes

Fahrrad-/Wanderrouten
Über den Fürstenweg direkte
Verbindung zur Roseburg;
Wanderungen in das angrenzende
Landschaftsschutzgebiet „Harz und
Nördliches Harzvorland"

Der 30 Hektar große Schlosspark von Ballenstedt erstreckt sich am Westrand der Ortslage Ballenstedt. Er gehört zum reifen Alterswerk des bekannten Gartenkünstlers Peter Joseph Lenné und stellt ein hochrangiges Beispiel gartenkünstlerischer Werke des 19. Jahrhunderts dar. Der natürliche Geländehöhensprung von fast 40 Metern ist imposant in die Gestaltung integriert und verhilft zu weiten Ausblicken vom erhöht liegenden barocken Schloss. Die Hauptachse und zugleich der repräsentativste Straßenzug Ballenstedts ist die Allee, die auf einer Länge von einem Kilometer die Altstadt mit Schloss und Park verbindet.

Herausragend in der Ausstattung des Parks ist die am flachen Nordhang liegende Wasserachse mit der Drachenfontäne, die in den Landschaftspark eingebettet ist. In Blickbeziehung zum Schloss steht das Jagdschlösschen Röhrkopf auf dem gleichnamigen Hügel, zu dem eine neu gepflanzte Obstbaumallee hinaufführt. Verschiedene Vasen und Plastiken befinden sich im Park. Auch bildet die Parkanlage den

In der Anlage im gemischten Stil der Lenné-Meyer'schen Schule liegt die aufwendige formale Wasserachse im Stil italienischer Villengärten eingebettet in den Landschaftspark.

Auf der Berge freien Höhen
In der Mittagssonne Schein,
An des warmen Strahles Kräften
Zeugt Natur den goldnen Wein.

(Friedrich Schiller)

Führungen
Geführte Spaziergänge durch die Stadt
Tel. Tourist-Info: (03 94 83) 2 63

Ausstellungen
Grabstätte Albrechts des Bären und Römerzimmer sowie Sonderausstellungen im Schloss, Galerieausstellungen und Ausstellungen zur Stadtgeschichte, Heimatmuseum mit Gedenkraum für den Hofmaler, Kammerherrn und Schriftsteller Wilhelm von Kügelgen, Arbeits- und Lebensweise des ehemaligen anhaltischen Unterharzes und seines Vorlandes

Veranstaltungen
Zahlreiche Veranstaltungen in Schlosstheater und Schlosskirche, Musiksommer im Schlosspark

Informationen
www.ballenstedt-tourist.de
Informationsbroschüren zu Park und Schloss im Museum, Informationstafeln mit Übersichtsplan an den Parkeingängen

Seite 122/123: Blick auf Schlossmühle und Schloss

Schlosshof

Drachenfontäne in der Wasserachse

Anfangs- bzw. Endpunkt ausgedehnter Wanderungen in das angrenzende Landschaftsschutzgebiet des Harzes.

Der dreiflügelige spätbarocke Bau des Schlosses Ballenstedt war im 11. Jahrhundert eine Burg der Askanier, die bis 1525 als Kollegiatsstift und Benediktinerkloster und seit dem 16. Jahrhundert als Residenz der Fürsten von Anhalt genutzt wurde.

Der älteste Teil des jetzigen Schlossparks ist wahrscheinlich der seit 1710 nachweisbare regelmäßig gegliederte Obst- und Küchengarten. Erste Anfänge des Landschaftsgartens waren die 1765 am Schlossberghang geschaffenen Gehölzpflanzungen, Wege und Ruheplätze. 1770 erfolgte der Bau des Rokoko-Jagdschlösschens auf dem Röhrkopf, und auch die zwischen 1998 und 2004 sanierte Schlossmühle wurde wenig später errichtet. Letztere wird heute als Künstlerwerkstatt und Veranstaltungsort für Sonntagsmatineen genutzt.

Schon 1840 entstanden erste Pläne zur Parkerweiterung nach Süden, die nur in Teilen umgesetzt wurden. Erhalten geblieben ist aus dieser Zeit der gusseiserne Löwe von Gottfried Schadow. 1858 begann die Umgestaltung des rund 12 Hektar großen Bereiches nördlich des Schlosses nach Entwürfen von Peter Joseph Lenné im Auftrag der Herzogin Friederike zu Anhalt-Bernburg und des Ministers Maximilian Theodor von Schaetzell.

Man begann mit den an der Nordseite des Schlosses liegenden Terrassen. Daran schloss sich der Bau der Wasserachse mit der Drachenfontäne (Mägdesprunger Zinkguss nach Modell von Johann Heinrich Kureck) und der Treppenanlage an. Auch weitere Wasserbassins, der Musikpavillon, die neuen Anlagen bis an den Flutgraben nördlich der Schlossmühle und der vergrößerte Schwanenteich entstanden bis 1863. Der weiteren Umsetzung der Lenné'schen Planungen im westlichen Parkbereich setzte der Tod des letzten Herzogs von Anhalt-Bernburg, Alexander Carl, im August 1863 ein vorzeitiges Ende. Danach stagnierten die Arbeiten im Park. Es erfolgten keine wesentlichen Veränderungen mehr.

Zwei hölzerne Pavillons und die Veranda an der Nordseite des Schlosses mussten bereits 1890 wegen Baufälligkeit abgebrochen werden, ebenso 1920 der hölzerne Musikpavillon. In den folgenden Jahrzehnten wurde der Park zwar gepflegt, jedoch in Bezug auf die notwendigen Ausholzungsarbeiten und Gehölznachpflanzungen vernachlässigt.

Erste Restaurierungsarbeiten im Schlosspark und Instandsetzungsarbeiten an der Wasserachse begannen in den 1970er und 1980er Jahren. Fachlich begleitet vom Landesamt für Denkmalpflege Sachsen-Anhalt fanden seither umfangreiche Sanierungsarbeiten statt. Dabei wurden Wege und Blickachsen wiederhergestellt und Bäume an historischen Standorten nachgepflanzt. Auch die Brunnenanlage auf der Nordterrasse lädt heute wieder an ihr Wasser.

Gusseiserner Löwe von Gottfried Schadow

Das Schloss aus der Luft

Gastronomie/Angebote

Schlosshotel „Großer Gasthof" am Schlossplatz, Restaurantbetrieb und Verkauf von Publikationen im Schloss

Sehenswürdigkeiten in der Umgebung

Roseburg, Burg Falkenstein, Selketal, Quedlinburg, Konradsburg (Straße der Romanik)

Aschersleben

Gärten und Parks

rechts: Wasserfontänen in der Herrenbreite

Einfallsreiche Spielplätze entstanden zur Landesgartenschau 2010.

Die Parkanlagen in Aschersleben sind eng mit der Stadt, ihrer Geschichte und der Kunst verwoben. Grüne und steinerne Kleinode wechseln in einem harmonischen Zusammenspiel und ergeben Ruhe-, Spiel- und Denkpunkte rund um die attraktive Innenstadt. Den Fluss Eine und die Reste der alten Stadtmauer begleitend, umschließt eine grüne Promenade den Altstadtkern mit Stephanikirche, Rathaus und historischen Bürgerhäusern. Dabei sind auch die weiteren Parks und Gärten, vier an der Zahl, sehr vielfältig in ihrem Charakter. Sie wurden zur Landesgartenschau 2010 frisch herausgeputzt unter dem Motto „Natur findet Stadt". Zugleich trifft man am Weg immer wieder auf inszenierte Anklänge an Adam Olearius (1599–1671), den Universalgelehrten und Sohn der Stadt.

Der größte Park ist die bereits 1373 erstmalig erwähnte Herrenbreite, die einst Schieß- und Exerzierplatz, später über viele Jahrhunderte grüner Festplatz war. Gründerzeitliche Villen und ein Kranz alter Linden rahmen die von historischen Wegeachsen durchzogenen Wiesenflächen mit bunten Stauden- und Sommerblumenbeeten in der modernen Formensprache des Landschaftsarchitekturbüros Sinai aus Berlin. Direkt am Bahnhof gelegen, ist hier auch das Thema Reisen versinnbildlicht. Aus den 1960er Jahren stammt die Weltzeituhr, und in Themenspielplätzen werden Olearius' abenteuer-

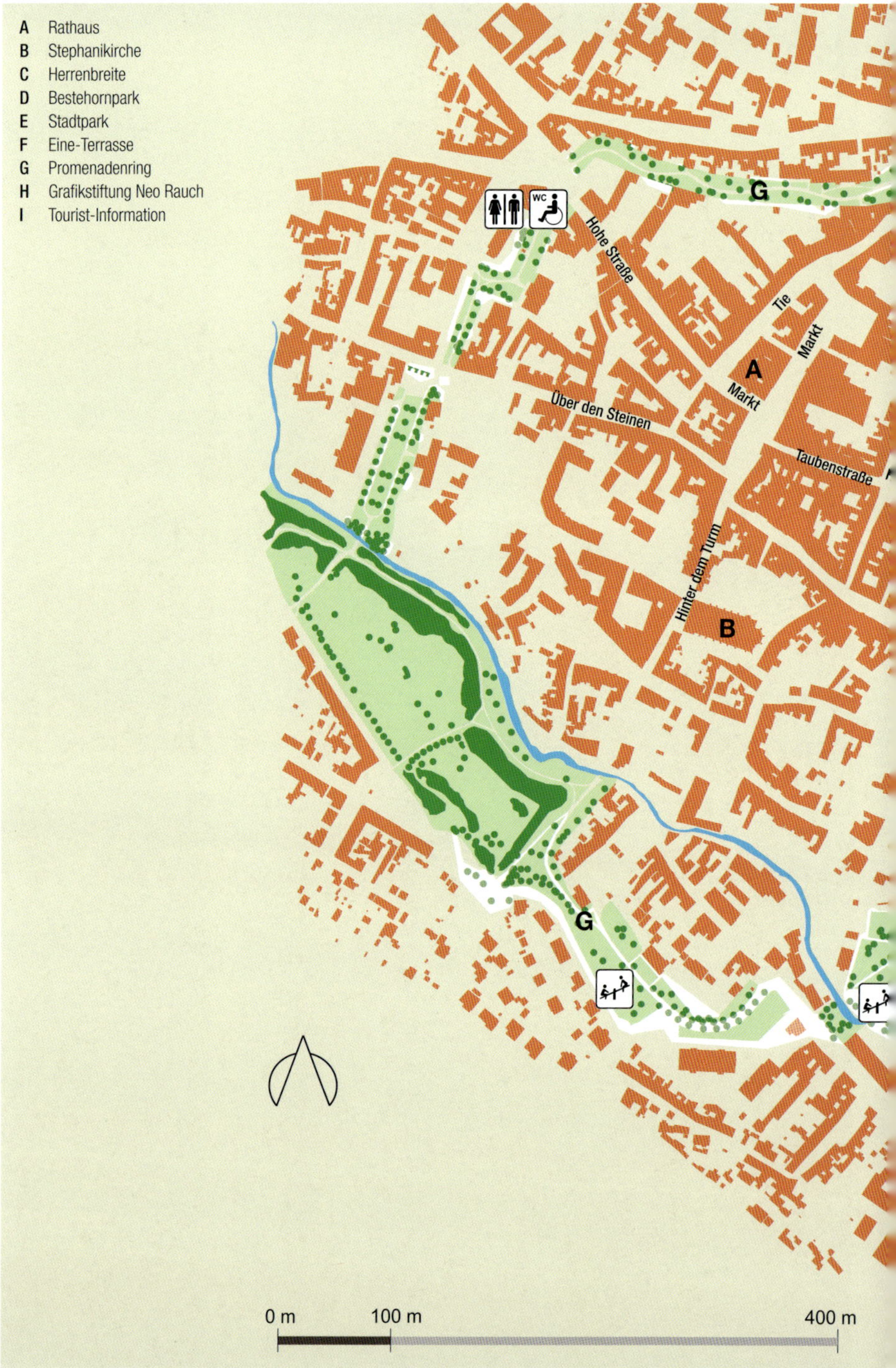
A Rathaus
B Stephanikirche
C Herrenbreite
D Bestehornpark
E Stadtpark
F Eine-Terrasse
G Promenadenring
H Grafikstiftung Neo Rauch
I Tourist-Information
WC
G
Hohe Straße
Tie
Markt
A
Markt
Über den Steinen
Taubenstraße
Hinter dem Turm
B
G
0 m
100 m
400 m

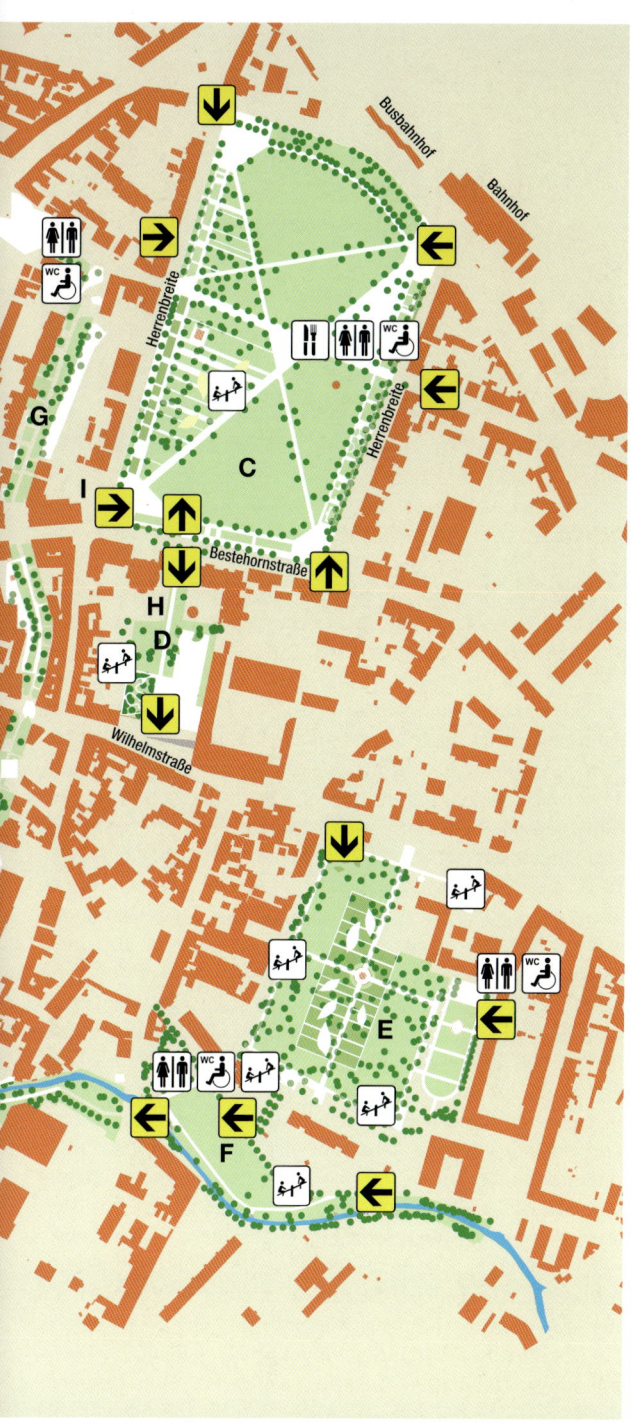

Anschrift
06449 Aschersleben

Eigentümer
Stadt Aschersleben

Öffnungszeiten
April–Oktober: 6.00–22.00 Uhr
November–März: 6.30–18.00 Uhr

Anreise mit ÖPNV
Hbf. Aschersleben, zu Fuß in die Parkanlagen

Anreise mit PKW
A 14 oder A 7, aus Norden und Süden über die B 180, kostenfreie Parkplätze auf dem Parkplatz Oststraße (hinter dem Bahnhof)

Fahrrad-/Wanderrouten
Wipperradweg

Führungen
auf Anfrage
Tourist-Information Aschersleben
Tel.: (0 34 73) 8 40 94 40

Ausstellungen
Grafikstiftung Neo Rauch im Riegelbau im Bestehornpark

Veranstaltungen
Konzerte, Feste, Märkte, Themennächte, Reitturnier, Führungen und weitere Aktivitäten

Informationen
Tourist-Information Aschersleben
Hecknerstraße 6
06449 Aschersleben
Tel.: (0 34 73) 8 40 94 40
www.aschersleben-tourismus.de
info@aschersleben-tourismus.de

Gastronomie/Angebote
Café auf der Herrenbreite (April–September), diverse Angebote im Stadtgebiet

> **Sehenswürdigkeiten in der Umgebung**
>
> Aschersleben mit historischer Altstadt, Promenadenring, Kriminalpanoptikum, Städtischem Museum, Grafikstiftung Neo Rauch, Drive Thru Gallery, verschiedene Kunstbrunnen in der Stadt, Erholungsgebiet „Auf der Alten Burg", Burg Falkenstein, Konradsburg, Burg Freckleben, Burg Arnstein

Orange im Bestehornpark

Blütenreiche Pflanzungen schmücken die Herrenbreite.

liche Reisen nach Russland und Persien lebendig. Spektakuläre Wasserspiele und ein Café laden zum Verweilen in diesem „Grünen Salon" der Stadt.

Über die Bestehornstraße hinweg geht es weiter in den sich südlich anschließenden Bestehornpark. Hier befand sich die Bestehorn'sche Papierfabrik (1861–1948, bis 1990 als VEB Optima), deren prunkvolle weiße Villa (1903) einen architektonischen Glanzpunkt bildet. In Teilen der sanierten Fabrikanlage ist heute ein modernes Bildungszentrum untergebracht. Die kunstvoll inszenierten Überreste der Orangerie dienen als Freilichtbühne und Spielraum und ergänzen den Kunstgeist der ebenfalls am Park liegenden Grafikstiftung Neo Rauch. Gräserhecken und Staudenbeete begleiten den Weg. An der Wilhelmstraße befinden sich ein von Birken luftig überstelltes Gräserlabyrinth und der „Stadtbalkon" mit seinem Kirschhain als Ruhepunkt des grünen Bildungscampus.

Nächste Station ist der Stadtpark. Hier herrschen Ruhe und Besinnlichkeit unter würdevollen alten Bäumen. Der Park ist aus einem ehemaligen Friedhof (1829–1866) hervorgegangen. Im zentralen Bereich lädt ein Waldstaudengarten, in dem die Pflanzen entsprechend ihrer Zuordnung zu Tierkreiszeichen gepflanzt sind, mit Sitzliegen zur Entspannung unter Bäumen. Diese „Pflanzenbibliothek" erinnert an das von Olearius am Hof in Gottorf im heutigen Schleswig-Holstein geschaffene Werk einer nach den Sternzeichen geordneten Bibliothek. Der im Zentrum der Pflanzung aufgestellte bronzene „Aschersleber Globus" wiederum symbolisiert seinen betretbaren Gottorfer Riesenglobus. Genauso spiegeln die Heckengärten entlang der alten Friedhofsmauer, teilweise mit alten Grabplatten, Olearius' Gottorfer „Kunstkammer", die im 17. Jahrhundert „Allerhand ungemeine Sachen" der

Im Bestehornpark

Welt präsentierte. Einen ganz anderen Charakter hat das auf einer erhöhten Terrasse im Osten liegende blumige Rosarium mit Brunnen und Rosenbögen. Seine Gestaltung geht auf einen Entwurf aus dem Jahre 1938 zurück.

Ein Mauerdurchbruch öffnet den Weg vom Stadtpark zur Eine-Terrasse am gleichnamigen Fluss: Hier schweift der Blick von erhöhten Sitznischen über die Uferwiesen. Weiter führt der Promenadenring zunächst am Fluss entlang und dann die alten Stadtmauerreste mit ihren Türmen begleitend, unter alten Bäumen und vorbei an geschichtsträchtigen Gebäuden rund um die historische Altstadt.

Aschersleber Globus im Stadtpark

Holzskulptur im Stadtpark

Degenershausen

Landschaftspark

Unweit der Burg Falkenstein im Harz schmiegt sich der idyllische Landschaftspark Degenershausen in die hügelig bewegte Landschaft des Harzes. Hier ließ der braunschweigische Amtsrat Johann Christian Degener (1774–1854) im Jahr 1835 ein Gut auf dem von umfangreichen Ländereien umgebenen Gelände errichten, welches er kurz zuvor erworben hatte. Der Ort erhielt 1841 nach seinem Erbauer den Namen Degenershausen. Am Gutshaus entstand auch ein erster ländlicher Park, der ungefähr die Fläche des heutigen inneren Parks umfasste. Der Standort des 1986/87 abgerissenen Gutshauses ist im Eingangsbereich des Parks, nahe an einem erhaltenen Brunnen, durch eine Blumenwiese markiert.

Degener verfügte testamentarisch, dass aus dem Anwesen ein sogenanntes Fideikommiss gebildet wird, also ein unveräußerliches und unteilbares Familienstiftungsvermögen, dessen Erbe den Namenszusatz „Degener" tragen muss. Auch wünschte Degener ihm selbst zu Ehren die Errichtung eines Denkmals im Park, und so wurde nach seinem Tod 1860 an zentraler Stelle ein gusseiserner Obelisk errichtet, der vor dunkler Baumkulisse rund 16 Meter in die Höhe ragt. Der heutige Obelisk ist ein Nachbau aus dem Jahr 1993, nachdem der alte wegen starker Beschädigung im Krieg und anschließendem Verfall 1968 entfernt worden war. Erster Erbe des Amtsrats war sein Enkel Hans Heinrich von Bodenhausen-Degener (1839–1912), Sohn seiner früh verstorbenen Tochter Amalie (1813–1843) aus ihrer Ehe mit dem Königlich-Preußischen Kammerherrn Hans Constantin von Bodenhausen.

Der Obelisk erinnert an den Parkgründer Degener.

Der heutige Park, zwischen 1990 und 1995 saniert, geht mit seiner erhabenen Weite und dem bewegt-stimmungsvol-

Imposante Baumgestalten im stimmungsreichen Park

len Gelände jedoch hauptsächlich auf das Wirken von Hans Eberhard von Bodenhausen-Degener (1868–1918), Urenkel von Amtsrat Degener und bedeutende Figur in Wirtschaft und Kultur, und seinen Sohn Hans-Wilke (1901–1937) zurück. Zur Zeit des Ersten Weltkrieges bewohnte die Familie das Gut auch erstmals dauerhaft. So entstanden in den ersten drei Jahrzehnten des 20. Jahrhunderts, inspiriert von englischen Parkanlagen, nicht nur neue Wege und Teiche, auch viele interessante Bäume, die teilweise von eigenen Reisen der Familie stammten, wurden in den nun erweiterten Park eingebracht. Über 175 Arten und Sorten einheimischer und fremder Gehölze, wie Gurkenmagnolie, Tulpenbaum und viele Nadelgehölze, begeistern noch heute Gehölzliebhaber und schaffen eine imposante Herbstfärbung. Markante und fast skulpturengleiche Altbäume faszinieren das Auge am Ende weiter Sichten über die Parkwiesen. Vom äußeren Rundweg, einem sogenannten belt walk, schweifen die Blicke auch in die malerische Landschaft.

Auf einem baumbestandenen Hügel südwestlich des Teiches, wohin von den Rundwegen Rasenpfade führen, liegt die 1918 auf Betreiben der Witwe von Hans Eberhard von Bodenhausen-Degener angelegte Erbbegräbnisstätte. Beratend war hier der Architekt und Schriftsteller Rudolf Alexander Schröder tätig.

Der Park liegt in der Obhut der Stadt Falkenstein (Harz), der Förderverein zur Erhaltung des Landschaftsparks Degenershausen e. V. unterstützt die Stadt engagiert bei der Erhaltung und Belebung des Parks. Westlich der historischen Scheune am Gutshof wurde 1999 ein Schau- und Sichtungsgarten für Stauden im Stil englischer Cottage-Gärten angelegt, wo aktuelle Züchtungen vorgestellt werden. Genießen lässt sich dieser Gartenteil auch aus dem kleinen offenen Pavillon.

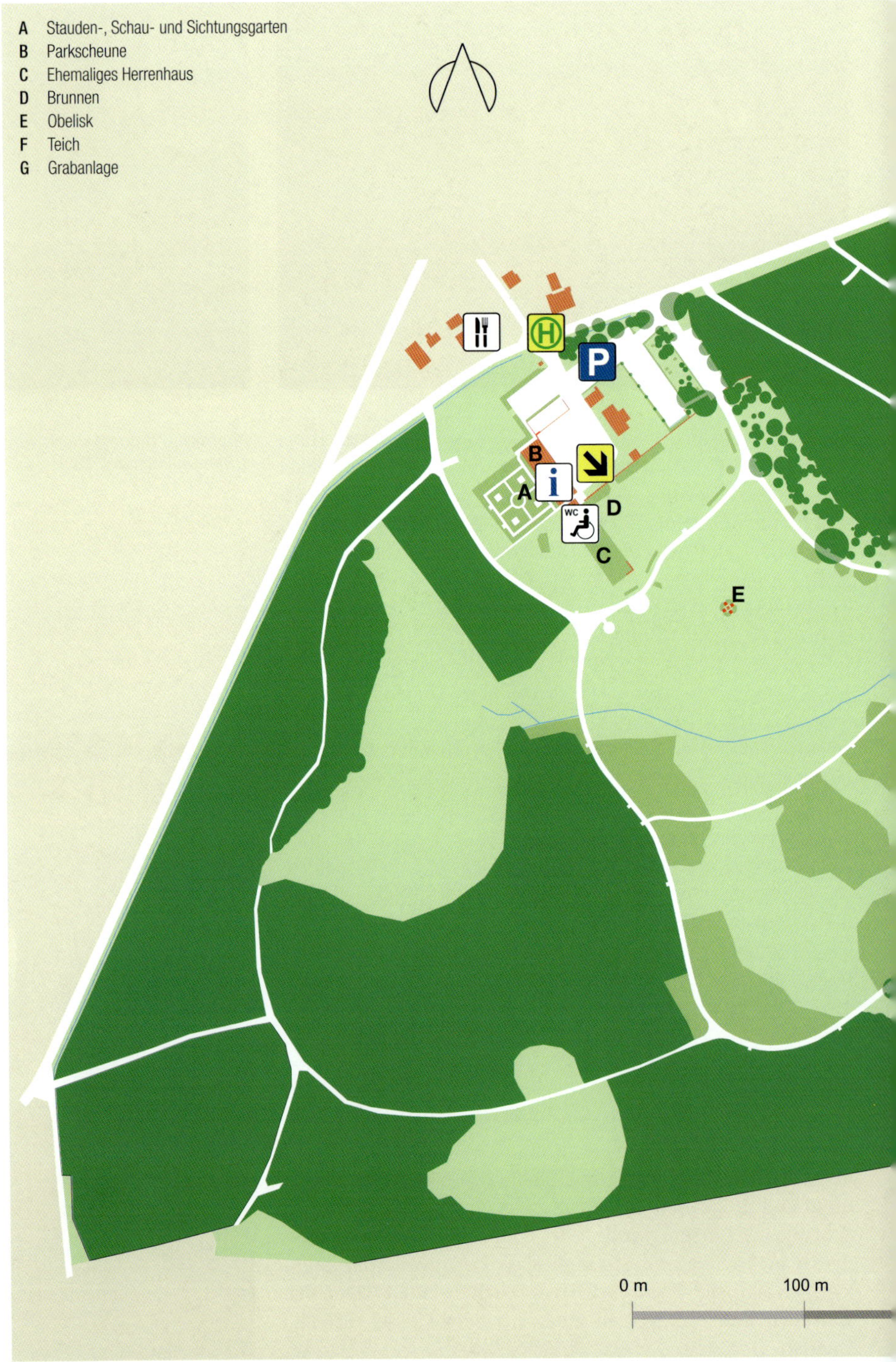
A Stauden-, Schau- und Sichtungsgarten
B Parkscheune
C Ehemaliges Herrenhaus
D Brunnen
E Obelisk
F Teich
G Grabanlage
B
A
D
C
E
WC
0 m
100 m

Anschrift

06543 Falkenstein (Harz)
OT Wieserode

Eigentümer

Stadt Falkenstein (Harz)

Öffnungszeiten

Park ganzjährig frei zugänglich

Anreise mit ÖPNV

Rufbus ab Ermsleben
Tel.: (0 18 05) 56 49 99

Anreise mit PKW

B 6n Richtung Burg Falkenstein, Ausschilderung Landschaftspark Degnershausen folgen

Fahrrad-/Wanderrouten

Harzrundweg

Führungen

auf Anfrage

Veranstaltungen

Parkfest, Konzerte, Ausstellungen, Musiksommer

Informationen

www.landschaftspark-degenershausen.de
Tel.: (03 47 43) 5 36 81
Stadt Falkenstein (Harz)
Tel.: (03 47 43) 9 61 01

Gastronomie/Angebote

Café-Garten „Zum Forsthaus"
Tel.: (03 47 43) 6 14 37
(01 70) 6 44 56 91

Sehenswürdigkeiten in der Umgebung

Burg Falkenstein, Konradsburg, Meisdorf mit Wassermühle und Museumsdorf, Endorf mit Turmwindmühle

Stolberg (Harz)

Schloss und Schlossgärten Stolberg

Anschrift
Schlossberg 1
06536 Südharz OT Stadt Stolberg

Die Terrassen am Schloss mit dem barocken Gartenpavillon

Schloss Stolberg, hoch oben auf einer Bergkuppe gelegen, eröffnet von seinen Terrassen eine spektakuläre Sicht in die umgebende Harzlandschaft und auf die von Wäldern, Wiesen und Gärten gerahmte pittoreske Fachwerkstadt im lang gestreckten Tal der Flüsse Lude, Wilde und Thyra. Die Zufahrt zum Schloss erfolgt am Hang hinauf durch zwei Torhäuser.

Als Sitz der Grafen und später Fürsten zu Stolberg und Wernigerode existierte schon früh, seit mindestens 1210, eine Burg in Stolberg, deren genaues Entstehungsdatum unbekannt ist. Der Sitz wurde im 16. Jahrhundert zum Renaissanceschloss und dann zwischen 1690 und 1720 zur barocken Residenz umgebaut. Nach der Enteignung (1945) der Fürstenfamilie zog in das Schloss bis 1989 ein gewerkschaftliches Erholungsheim ein.

Um den fortschreitenden Verfall aufzuhalten, übernahm die Deutsche Stiftung Denkmalschutz im Jahr 2002 die gesamte Anlage und hat damit begonnen, Gebäude und Gartenanlagen instand zu setzen. Die Gartenanlagen bestehen aus den Schlossgärten am Hang, dem Schlosshof mit der Schwemme sowie dem Waldpark. Teile der Schlossgärten erstrahlen bereits wieder in gärtnerischem Glanz, weitere Gartenbereiche warten noch auf ihre Erweckung.

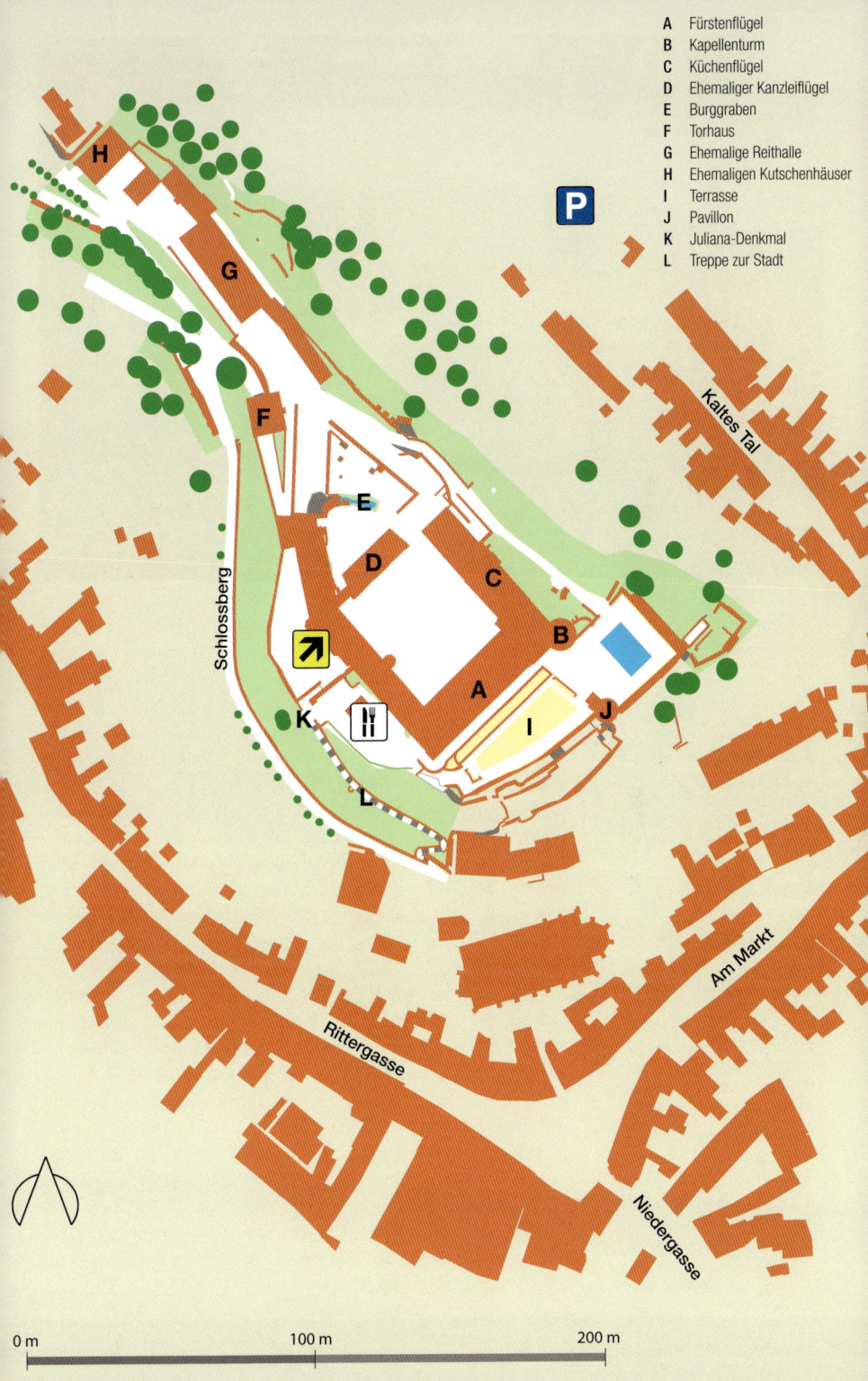

Blick vom gegenüberliegenden Hang auf Schloss und Stadt

Eigentümer

Schloss und Terrassengärten: Deutsche Stiftung Denkmalschutz
Waldpark: Willy Müller (KG Firmengruppe)

Öffnungszeiten

Di–Fr 11.00–16.00 Uhr
Sa/So 11.00–17.00 Uhr

Anreise mit ÖPNV

Mit Bus bis Haltestelle „Bahnhof" oder „Am Markt", zu Fuß zum Schloss

Anreise mit PKW

A 38 oder B 242, ab Markt zum Parkplatz Rittertor, Schlossvorplatz (nur begrenzte Parkmöglichkeiten)

Fahrrad-/Wanderrouten

Harzrundweg (Mountainbikestrecke), Terrainkurwege um Stolberg (z. B. Untere und Obere Hirschallee), Wanderwege zum Auerberg/Josephskreuz, Karstwanderweg, Lutherweg

Die Schlossgärten, gegliedert in Großen und Kleinen Schlossgarten, liegen auf verschiedenen Terrassen am Hang vor dem Süd- und Westflügel des Schlosses. Mächtige Stützmauern, die den Abhang sichern, waren wohl bereits Teil der ehemaligen mittelalterlichen Wehranlagen. Den Turmunterbau des späteren barocken Gartenpavillons errichtete man Mitte des 16. Jahrhunderts, als die Anlage zum Renaissanceschloss umgebaut wurde. Gestalterisch wurden die Gärten im Laufe der Jahrhunderte wiederholt verändert. Ein erster bekannter formaler Garten existierte zur Zeit des Barock. Spätestens um 1800 war dieser Garten dann landschaftlich umgestaltet, besaß aber weiterhin den als Lusthaus errichteten barocken Gartenpavillon, der heute als Ausstellungsraum genutzt wird.

Die heutige wiederhergestellte Gartenanlage orientiert sich an der Gestaltung der 1930er Jahre. Diese geht zurück auf die Entwürfe des Gartenarchitekten Heinrich Wiepking-Jürgensmann (1891–1973). Zu dieser Zeit entstand eine formale Anlage der Moderne als Privatgarten der Fürstenfamilie mit großzügigem, von Staudenbeeten und Hecken gerahmtem Rasenspiegel. Die hohen Hainbuchenhecken, an Treillagen gezogen, erlaubten bei gleichzeitigem Wind- und Blickschutz durch torartige Öffnungen auch die Aussicht in die Landschaft. Auf dem östlichen Südhang entstand eine mit Sandsteinplatten belegte Sonnenterrasse mit einem Pool, der heute als flacher Wasserspiegel wiederhergestellt ist.

Eine Bronzeskulptur des Bildhauers Bernd Göbel auf der westlichen Terrasse erinnert an Juliana zu Stolberg und Wernigerode (1506–1580) und wurde zu ihrem 500. Geburtstag aufgestellt. Als Mutter Prinz Wilhelms von Oranien gilt Juliana als Stammmutter des niederländischen Königshauses. Eine nach ihr benannte Kletterrose „Juliana von Stolberg" berankt an hölzernem Spalier die Mauer unterhalb der Schlosszufahrt, die in den Schlosshof führt.

Der Waldpark des 19. Jahrhunderts mit seinen Terrainwegen erstreckt sich nordwestlich des Schlosses. Etwa einen Kilometer vom Schloss entfernt steht hier die imposante bronzene Hirschskulptur (1911) als Bildnis des Wappentiers von Fürstenhaus und Stadt am Hang des Ludetals. Man erreicht sie über die nahe am äußeren Schlosstor beginnende Hirschallee, die einst fürstliche Reitallee war und bis zum künstlich aufgestauten Röhrenteich führt, einem heute kleinen Gewässer, das einst Wasserreservoir zur Versorgung des Schlosses war.

Führungen

Do 11.00 Uhr kombinierte Stadt- und Schlossführung ab Parkplatz Kaltes Tal (Beginn Schlossführung ca. 13.30 Uhr, auch einzeln buchbar)
Schlossführungen
Fr 20.00 Uhr, Sa 14.00 Uhr
Gruppen auf Anmeldung
Gärten: frei zugänglich während der Öffnungszeiten des Schlosses und des Cafés

Ausstellungen

„Buchen musst du suchen", ein Projekt des Regionalverbandes Harz gemeinsam mit dem Biosphärenreservat Karstlandschaft Südharz, wechselnde Sonderausstellungen im Breiten Gang mit Künstlern aus der Region

Veranstaltungen

Wechselnde Ausstellungen, Konzerte, Lesungen, Themenführungen, Märkte

Informationen

Tourist-Information Stolberg
Markt 2
06536 Südharz OT Stadt Stolberg
Tel.: (03 46 54) 4 54
(03 46 54) 85 88 80
www.stolberger-schloss.de
www.tourismus-suedharz.de

Gastronomie/Angebote

April–Oktober
Di–So 11.00–18.00 Uhr
FRIWI-Café „Schloss-Terrasse"

Sehenswürdigkeiten in der Umgebung

Stolberg mit den Museen „Alte Münze" und „Kleines Bürgerhaus", St. Martini Kirche, Alte Posthalterei mit Postkutsche, Ritter-Taverne, AndersweltTheater Stolberg, dem Aussichtsturm Josephskreuz und dem Hirschdenkmal, Rundkirche in Schwenda, Dietersdorf mit dem Wolfsdenkmal, Schauhöhle Heimkehle bei Uftrungen, Karstlandschaft Südharz, Questenberg mit Queste und Roland, Besenbinderdorf Hainrode, Burgruine Hohnstein und Ebersburg

Skulptur zur Erinnerung an Juliana zu Stolberg und Wernigerode

Sangerhausen

Europa-Rosarium

Eintauchen in eine duftend-üppige Rosenpracht

Das Rosarium Sangerhausen ist die größte und bedeutendste Rosensammlung der Welt. Die Gründung des Kleinods ist eng mit dem Wirken des Sangerhäuser Verschönerungsvereins verbunden.

1898 bot der roseninteressierte Kaufmann Albert Hoffmann (1846–1924) dem Verein der Deutschen Rosenfreunde auf einem von der Stadt zur Verfügung gestellten Gelände die Errichtung eines Vereinsrosariums an. Gleichzeitig stiftete Hoffmann dem Rosarium den größten Teil seiner privaten Rosensammlung, die zunächst nach einem Plan des Gartenarchitekten Friedrich E. Doerr gepflanzt wurde. Der Rosenzüchter Peter Lambert aus Trier entwarf 1902 den Plan für die landschaftliche Gestaltung eines ersten Erweiterungsteils. Noch im selben Jahr nahm der Rosenspezialist Richard Vogel (1867–1934) aus Frankfurt am Main die Arbeit im Rosarium auf, sodass im Juli 1903 die damals 1,5 Hektar große Anlage anlässlich eines Kongresses Deutscher Rosenfreunde eröffnet werden konnte. In den folgenden Jahren erweiterte sich die Aufgabenstellung, sodass neben alten Rosensorten auch Neuzüchtungen und Wildrosenarten aufgenommen wurden.

Auf Anregung von Professor Ewald Gnau (1853–1943), dem ersten bis 1933 tätigen Rosariumsleiter, der sich wie Albert Hoffmann von Anfang an sehr für das Rosarium einsetzte, wurden ab 1906 Plastiken wie das Heideröschen und die Hermesbüste der Kaiserin Auguste Viktoria des Bildhauers A. Künne im Park aufgestellt. Viele Plastiken, die im Laufe der Jahrzehnte in den Park integriert werden konnten, sind inzwischen zu Lieblingen der Besucher geworden.

Seit der Eröffnung des Rosariums erfolgten immer wieder Flächenerweiterungen, um das ständig wachsende Sortiment präsentieren zu können. Augenblicklich wird die Rosensammlung, die mehr als 8500 Rosenarten und -sorten umfasst, auf einer Fläche von etwa 13 Hektar gezeigt.

Nach dem Verlust der Rosenbibliothek im Jahre 1945 konnte mit Unterstützung der Gesellschaft Deutscher Rosenfreunde (GRF) und des Fördervereins „Freunde des Rosariums e. V." die Neue Deutsche Rosenbibliothek 2009 als Präsenzbibliothek eröffnet werden.

Eine vielfältige Gestaltung der einzelnen Gartenbereiche unterstreicht den Reiz der Gesamtanlage. Besonders hervorzuheben sind Themengärten wie der Jubiläumsgarten, der Duftgarten oder der ADR-Garten, die im Zuge umfangreicher Um- und Neugestaltungsmaßnahmen seit 2003 entstanden. Bis heute sind das Sammeln und Erhalten von Rosenarten und -sorten Hauptaufgaben des Europa-Rosariums Sangerhausen. Daher befindet sich hier seit 2009 auch die Koordinationsstelle der Deutschen Genbank Rose.

Die Rosensammlung umfasst mehr als 8500 Rosenarten und -sorten.

A	Gartenträumeladen	N	Tiergehege mit Rosali und Rosario
B	ADR-Garten	O	Große Wiese
BA	Wildrosen	P	Sumpf
C	Säulengarten	Q	Voliere
CA	Informationszentrum ROSE	R	„Rosenarena" Freilichtbühne
D	Jubiläumsgarten	S	Ausstellungshalle
DA	Duftgarten	T	Kleine Wiese
E	Entwicklungsgeschichte der Gartenrose	U	Figurengruppe „Heideröslein"
F	Rosenmeer	V	Museum
G	Kräutergarten	W	Historischer Pavillon
H	Weltenei	X	Märchensäule
I	Schaugarten	XA	Kaiserin Auguste Viktoria-Büste
J	Zwischenpflanzung	Y	Hoffmannstein
K	Pavillon	Z	Eiscafé-Pavillon
L	Statue „Die Kniende"	ZA	Pfennigteich
M	Alpinum mit Gnau-Stein		

EUROPA-ROSARIUM

Anschrift
Am Rosengarten 2a
06526 Sangerhausen

Eigentümer
Stadt Sangerhausen

Öffnungszeiten
2. So im April–Oktober
10.00–18.00 Uhr
Mai und September
9.00–19.00 Uhr
Juni–August
9.00–20.00 Uhr
auch im Winter zugänglich

Anreise mit ÖPNV
Liegt an den Bahnstrecken Kassel–Halle und Magdeburg–Erfurt, ca. 30 min Fußweg vom Hauptbahnhof Sangerhausen

Anreise mit PKW
Über die A 38, A 71, B 80, B 86, bitte Parkleitsystem nutzen

Fahrrad-/Wanderrouten
Radwanderweg Salzstraße, Himmelsscheibenradweg, Harzrundweg und Saale-Radwanderweg

Führungen
Anmeldung über die Tourist-Information Sangerhausen
Tel.: (0 34 64) 1 94 33
Bei Bedarf werden Fachführungen durchgeführt.

Veranstaltungen
Jährliches Berg- und Rosenfest am letzten Juniwochenende, Nacht der 1000 Lichter am zweiten Samstag im August, zahlreiche andere Veranstaltungen

Informationen
www.europa-rosarium.de
www.sangerhausen-tourist.de

Gastronomie/Angebote
Das Rosarium verfügt über eigene Gastronomie. Der Gartenträume-laden bietet viele Souvenirs und Geschenkartikel sowie ein vielfältiges Sortiment an Pflanzen und Rosen an.

Hermesbüste der Kaiserin Auguste Viktoria

Eine interessante Kulisse für die Rosenpflanzungen bildet die umfangreiche Gehölzsammlung mit rund 300 Baum- und Straucharten. Darunter sind auch einige seltene Arten wie Riesen-Mammutbaum, Ginkgo und Orientalische Buche. Im Frühling erfreuen Tausende von Frühjahrsblühern die Besucher.

Vom Alpinum, dem höchsten Punkt der Anlage, eröffnen sich einzigartige Blicke über den Park und in die charakteristische Landschaft der Umgebung. Das Informationszentrum zur Rose in unmittelbarer Nähe des Haupteingangs und die neu geschaffene Freilichtbühne „Rosenarena" erweitern das kulturelle Angebot.

Wissenschaftliche Erkundungen ...

Sehenswürdigkeiten in der Umgebung

Sangerhausen mit Ulrichkirche („Straße der Romanik"), Jacobikirche mit Hildebrandt-Orgel, Spenglermuseum, Altes Schloss (Musikschule), Reste der Stadtbefestigung, ErlebnisZentrum Bergbau Röhrigschacht Wettelrode, Kyffhäuser-Denkmal, Barbarossahöhle und Panorama-Museum in Bad Frankenhausen

Köthen

Schloss und Schlosspark

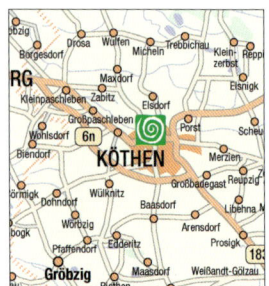

Der Köthener Schlosspark legt sich als grüner Kranz um das Schloss im Zentrum des geschichtsträchtigen Ensembles. Auch zwei Höfe, der äußere und der innere Schlosshof, sowie der Prinzessinnengarten südwestlich des Schlosses sind Teil des Areals, auf dem sich die Anlage seit Jahrhunderten entwickelte.

Der Prinzessinnengarten wurde in Anlehnung an barocke Formen in jüngster Zeit modern gestaltet. Bis auf eine alte Eiche war der einstige feudale Zier- und Nutzgarten in der zweiten Hälfte des 20. Jahrhunderts fast vollständig beseitigt worden. Hier befand sich im 17. Jahrhundert der damals über eine Brücke mit dem Schloss verbundene Obergarten, später dann, ab 1900, der Prinzessinnengarten. Beide Gärten erstreckten sich auch über den heutigen pergolenbegrünten Parkplatz. Der Name des Gartens und des Prinzessinhauses geht auf die letzte Bewohnerin des als Hofmarschallamt (1779) errichteten Gebäudes zurück. Es war die in der Bevölkerung beliebte Auguste, Prinzessin von Schönaich-Carolath, Nichte der letzten Köthener Herzogin.

Den äußeren Schlosshof betritt man vom Schlossplatz mit dem bronzenen Denkmal für Fürst Ludwig I. (1579–1650) von Anhalt-Köthen durch den Torbogen des ehemaligen

Wie ein grüner Saum legt sich der Park um das Schloss.

Marstalls. Dieser Hof, einst unbepflanzter Wirtschaftshof des Schlosses, ist heute der Musik gewidmet. An der Stelle der 1820 vom Architekten Gottfried Bandhauer (1790–1837) errichteten und 1941 ausgebrannten Reithalle eröffnete 2008 ein Veranstaltungszentrum mit dem akustisch herausragenden Johann-Sebastian-Bach-Saal, der in seiner Namensgebung an den Hofkapellmeister erinnert, der am Köthener Hof viele seiner bekannten Werke schuf. Die Architekten Bussmann + Haberer entwarfen den Neubau in der klassizistischen Hülle der alten Reithalle. Auch der Hofraum wurde neu angelegt, die alten Linden wurden durch neue Pflanzungen ergänzt.

Eine Brücke führt über den Schlossgraben und durch das Torhaus in den inneren Schlosshof. Der Graben umgab vermutlich schon die bis ins Mittelalter zurückreichende Wasserburg, die nach einem Brand im Jahr 1547 rund 50 Jahre später von Fürst Ludwig von Anhalt-Köthen durch ein neues Schloss ersetzt und im Laufe der Jahrhunderte ergänzt und verändert wurde. Das Schloss war seit 1606 Residenz des Fürstentums und später Herzogtums Anhalt-Köthen. Prachtvoll ist noch heute der ab 2012 sanierte Spiegelsaal (1823) im Ludwigs-Bau des Schlosskomplexes.

Einst war das Schloss von einem prunkvollen Renaissancegarten mit Parterres, einem Labyrinth, zwei kleinen Inseln und umfangreichen Obst- und Nutzpflanzungen umgeben, der in den folgenden 200 Jahren mehrfach im Detail umgestaltet wurde. Im 18. Jahrhundert gab es sogar eine Orangerie in Köthen mit einer der bedeutendsten Pflanzensammlungen in Deutschland.

Schlosshöfe mit Park

Bronzedenkmal für Fürst Ludwig I.

Anschrift

Schlossplatz 5
06366 Köthen

Eigentümer

Stiftung Dome und Schlösser in Sachsen-Anhalt

Öffnungszeiten

Park ganzjährig frei zugänglich
Schloss Di–So 10.00–17.00 Uhr

Anreise mit ÖPNV

Hbf. Köthen, zu Fuß zum Schloss

Anreise mit PKW

B 6n, B 185 oder B 183, Richtung Zentrum oder Schloss, Parkhaus in der Schlossstraße (am Wochenende kostenloses Parken in den Seitenstraßen)

Fahrrad-/Wanderrouten

Europa-Radweg R 1

Führungen

auf Anfrage

Ausstellungen

Im Schloss u. a. zu den Themen Bach, Hahnemann, Naumann, Prähistorie und Fruchtbringende Gesellschaft

Veranstaltungen

Varietéspektakel „La Cour" im September, Bachfestival „Köthener Herbst" (alle zwei Jahre)

Informationen

Tourist-Information Köthen
Schlossplatz 5
06366 Köthen
Tel.: (0 34 96) 70 09 90
(0 34 96) 70 09 92 60
www.bachstadt-koethen.de

Gastronomie/Angebote

Café „Leopold"
Tel.: (0 34 96) 3 09 97 15

Sehenswürdigkeiten in der Umgebung

Altstadt Köthens mit ihren Kirchen und dem historischen Rathaus, Eike-von-Repgow-Dorf-Reppichau, Bernburg mit Schloss, Tiergarten und Parkanlagen, Dessau-Wörlitzer Gartenreich, Mosigkau mit Schloss und Park

A Prinzessinhaus
B Marstall
C Johann-Sebastian-Bach-Saal
D Remisenhaus
E Ludwigsbau
F Johann-Georg-Bau
G Steinernes Haus
H Ferdinandsbau
I Dürerbundhaus
J Hofgärtnerhaus
K Naumann-Denkmal
L Hahnemann-Lutze-Denkmal
M Schlosskirche
N Prinzessinnengarten
O Museum

Am Schlossplatz

Blick in die Schlosskapelle

Johann-Sebastian-Bach-Saal mit alter Reithallenfassade

Der formale Garten ist heute einem rund fünf Hektar großen Landschaftspark gewichen, der um 1810 als fürstlicher Garten entstand, ab 1878 aber zunehmend in einen Stadtpark umgewandelt und von Mauern der wachsenden Stadt umgeben wurde. Spazierwege eröffnen Blicke auf die Schlossgebäude und Brücken und führen zu Denkmalen wie dem Naumann-Denkmal (1880/1957), das an den Vogelkundler Johann Friedrich Naumann (1780–1857) erinnert, dessen Nachlass im Naumann-Museum im Schloss gezeigt wird. Ein weiteres Denkmal ist der Homöopathie gewidmet, die von den Herzögen von Anhalt-Köthen befördert wurde und noch heute in der Stadt präsent ist. Unter seinem Baumdach ist der Park eine beschauliche Oase der Ruhe mitten in der Stadt, die durch schöne Frühlingsblüher und eine bunte Herbstfärbung der Bäume bereichert wird.

Spiegelsaal im Schloss

Die steinerne Brücke zum Schloss führt über den Wassergraben.

Erinnerung an den Vogelkundler Friedrich Naumann

KÖTHEN

Dessau-Roßlau
Schloss und Schlossgarten Mosigkau

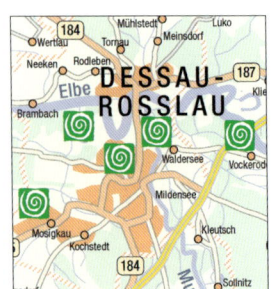

1742 schenkte Leopold I. von Anhalt-Dessau seiner Tochter Anna Wilhelmine (1715–1780) das alte Mosigkauer Gut der Familie Stubenrauch mit Herrenhaus und Garten. Die Prinzessin bekam von ihrem Vater jährlich 15 000 Taler, die es ihr gestatteten, eine repräsentative Sommerresidenz anzulegen. So konnte 1752 mit den Arbeiten am Schloss als spätbarocker Dreiflügelanlage und drei Jahre darauf bereits mit dem Innenausbau des Corps de Logis und mit der Errichtung der Wirtschaftsgebäude begonnen werden.

Parallel zum Schlossbau wurden die Gartengestaltungen vom Gärtner Ch. F. Broße (1718–1769) durchgeführt. Sie fanden 1757 ihren Abschluss. Broße sollte den vorhandenen Gutsgarten, der in der Querachse zum neu entstandenen Schloss lag, nun in der Längsachse des neuen Schlosses in zeitgemäßer Gartengestaltung anlegen. Problematisch dabei war der Flächenzuschnitt des Gartens von 440 Meter Länge und 72 Meter Breite. Der „Kunst- und Lustgärtner" Broße löste diese Aufgabe jedoch meisterlich.

Schloss Mosigkau

Anschrift
Knobelsdorffallee 2/3
06847 Dessau-Roßlau OT Mosigkau

Eigentümer
Kulturstiftung DessauWörlitz

Öffnungszeiten
Park ganzjährig frei zugänglich, das Schloss kann im Rahmen von Führungen besichtigt werden

Anreise mit ÖPNV
Bhf. Dessau-Mosigkau, dann mit dem Bus oder ab Bhf. Dessau mit der Straßenbahn oder dem Bus

Anreise mit PKW
A 9 (Abfahrt Dessau-Ost oder Dessau-Süd), B 185 Richtung Köthen, Parkplatz an der Knobelsdorffallee, Parkmöglichkeiten auch im näheren Umfeld

Führungen
Gelegentliche Sonderführungen
Tel.: (03 40) 6 46 15 41,
(03 40) 6 46 15 44

Ausstellungen
Schloss mit historischer Originalausstattung und Gemäldegalerie

Veranstaltungen
Sommerausstellungen in den Orangerien

Informationen
www.gartenreich.com
Anlage gehört zum UNESCO Welterbe Gartenreich Dessau-Wörlitz, Kunstführer zu Schloss und Park

Gastronomie/Angebote
Kleines Café im Ehrenhof des Schlosses, Publikationen/Souvenirs im Kavalierhaus (während der Öffnungszeiten des Schlosses)

Sehenswürdigkeiten in der Umgebung
Gartenreich Dessau-Wörlitz, Stadt Dessau-Roßlau

Zwischen dem Schloss und den 1757 zunächst in Fachwerkbauweise errichteten Orangerien entstand beiderseits des Mittelweges jeweils ein dreiteiliges Parterre und daran anschließend eine Boskettzone. Die Querachse des alten Gutsgartens wurde beibehalten. Das Gutshaus am westlichen Ende der Achse wurde etwa 1774 abgetragen und südöstlich dieses Standortes das Gärtnerhaus errichtet.

Der folgende Gärtner Georg Friedrich Brätsch gestaltete diesen westlichen Gartenteil weiter, zu dem auch ein Heckentheater als typisches Gartenmotiv des Rokoko und das heute noch erhaltene Chinesische Haus gehörten. Die „Englische Parthie" war vermutlich schon von den neuen Wörlitzer Gestaltungen inspiriert. Westlich des Corps de Logis befanden sich ein Küchengarten und eine Obstplantage, nördlich des Ehrenhofes eine Wiese mit einer Walnussbaumplantage.

rechts: Skulpturen auf der Gartenseite des Schlosses

Festsaal des Schlosses

Der Irrgarten führt auf verschlungene Pfade.

Nach dem Tode Anna Wilhelmines wurde ein Hochadliges Fräuleinstift gegründet und die Anlage nordöstlich um eine Begräbnisstätte für die Stiftsdamen erweitert. Durch den Gärtner Johann Gottfried Schoch (1750–1823) kamen ab 1784 landschaftliche Gestaltungsauffassungen in den Park,

Chinesisches Teehaus

Die Nordseite des Schlosses mit dem Ehrenhof

die charakteristische Elemente des Rokoko allmählich verschwinden ließen. Diese Tendenz führte der Stiftsgärtner Leberecht Abel (1760–1856) fort, der den Mosigkauer Garten ab 1805 weiter nach englischem Vorbild umgestaltete. Erst der letzte Gärtner des Stiftes, Carl Krüger (1879–1975), versuchte entsprechend der barocken Intention die engen Beziehungen zwischen Garten und Schlossarchitektur wieder zu verdeutlichen.

In den 1950er Jahren erarbeitete Heinrich Sulze einen der Rekonstruktionsvorschläge für die Wiederherstellung des Rokokogartens. Die Zurückführung auf die Barockzeit erfolgte glücklicherweise nur in kleinen Teilbereichen. Die Parkanlage ist in ihrer Entwicklungsgeschichte zur „Mischanlage" aus unterschiedlichen Phasen vom Barock bis in das 20. Jahrhundert geworden.

Dennoch zählen Schloss und Garten heute zu den letzten noch weitgehend erhaltenen Rokokoensembles Mitteldeutschlands und gehören als Teil des Gartenreiches Dessau-Wörlitz zum Welterbe der UNESCO. Neben der künstlerischen Einheit von Schloss und Schlosspark sind als weitere historische Bauwerke der klassizistische Tempel, der Wasserturm, das Chinesische Haus, das Gärtnerhaus und die Orangerien in der Wirkung eines großen Portals am südlichen Eingang erhalten.

Im Park gedeihen zudem einige besonders schöne Exemplare alter Bäume wie Blutbuche, Schirmmagnolie und Ginkgo. Bemerkenswert sind auch das dichte Heckenirrgarten und die alten Hainbuchen-Hecken, die wertvollen Orangeriebestände und die Formgehölze im Ehrenhof.

Rokokovase im Park

Dessau-Roßlau

Kühnauer Landschaftspark, Schloss und Schlossgarten Großkühnau

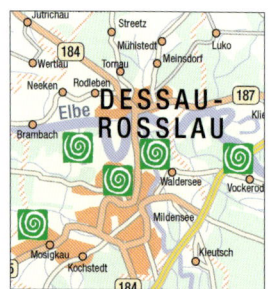

Als letzte Anlage des Gartenreichs Dessau-Wörlitz entstand in der ersten Hälfte des 19. Jahrhunderts der 77,5 Hektar große Kühnauer Landschaftspark. Dieser ist mit dem Schlossgarten des späten 18. Jahrhunderts am Großkühnauer Schloss über den Kühnauer See verbunden.

Unabhängig vom Schloss Großkühnau und seinem Garten hatte Erbprinz Friedrich von Anhalt-Dessau (1769–1814) die Idee zur Schaffung des Kühnauer Landschaftsparks, der sich durch seinen Elbauenwald mit weiten Wiesenräumen am Altarm der Elbe auszeichnete. Hierbei verschönerte man die gegebene natürliche Situation zu einer parkartigen Anlage.

Im Jahr 1805, sofort nach Flächenerwerb, begann die Gestaltung einer Obstanlage südlich des Burgwalls, die auch als „Burgkühnauer Garten" bezeichnet wurde. Nahe dem Nordufer des Kühnauer Sees entstanden zehn Inseln sowie die Fischerinsel, auf der 1807 ein Fischerhaus errichtet wurde. Das Inselmotiv ist ein typisches Gestaltungselement des Gartenreichs im Allgemeinen. Kurz darauf, vermutlich um 1809, wurde das Löwentor, bestehend aus zwei Sandsteinsockeln und Löwenplastiken, als südöstlicher Garteneingang errichtet.

Schloss Großkühnau

1814, nach dem Tod Friedrichs, setzte sein Sohn Herzog Leopold Friedrich die Arbeiten fort. Er erwarb weitere Flächen aus dem Gemeindebesitz, legte den sogenannten Hechtzug an und ergänzte die Pflanzungen. Mit der Gestaltung der „Neuen Anlage" wurde eine durchgehende parklandschaftliche Verbindung nach Dessau möglich. Am Eingang zu den „Neuen Anlagen" entstand 1818 das Rittertor.

Das Weinberghaus

Der Kühnauer See, ein Altarm der Elbe

- A Schloss Großkühnau
- B Kirche
- C Nixensumpf
- D Der „Hechtzug"
- E Lustgarten „Neue Anlage"
- F Die 10 Inseln
- G Ehemaliger Standort Fischerhaus
- H Fischerinsel
- I Die 3 Inseln
- J Seewiesen
- K Burgwall (ehemalige Burganlage Kühnau)
- L Sohlgraben
- M Bereich des ehemaligen Schuppens
- N Gedenkstein und Kenotaph zum Gedenken an Friedrich Erbprinz zu Anhalt
- O Bruchsteinmauer am Weinberghaus
- P Weinberganlage mit Terrassen und Weinberghaus
- Q Rittertor
- R Löwentor
- S Obstwiesen
- T Rapunzelturm
- U Obelisk
- V Ochsenwall
- W Ehemaliger Standort Hugos Sitz

Anschrift
Burgkühnauer Allee
06844 Dessau-Roßlau

Eigentümer
Stadt Dessau-Roßlau und Kulturstiftung DessauWörlitz

Öffnungszeiten
Park ganzjährig frei zugänglich, Schlossgarten nur während der Dienstzeiten, Schloss kein Zutritt (Sitz der Kulturstiftung DessauWörlitz)

Anreise mit ÖPNV
Hbf. Dessau, Bus ab Bus-Bhf. Fahrplanauskunft Dessauer Verkehrs GmbH Tel.: (03 40) 8 99 25 20

Anreise mit PKW
A 9 (Abfahrt Dessau-Süd oder Dessau-Ost) Richtung Dessau, Ortsdurchfahrt nach Großkühnau, Parkplatz nahe Löwentor

Fahrrad-/Wanderrouten
Gute Radwegeverbindung von Dessau
Tipp: Gartenreichtour Fürst Franz

Veranstaltungen
Jährlich stattfindendes Weinbergfest am Weinberghaus

Informationen
www.gartenreich.com
www.dessau-rosslau.de
Anlage gehört zum UNESCO Welterbe Gartenreich Dessau-Wöritz, Kunstführer zu Park und Schloss Großkühnau

Gastronomie/Angebote
In Dessau, im Park selbst nicht vorhanden

Sehenswürdigkeiten in der Umgebung
Kirche Großkühnau, Gartenreich Dessau-Wörlitz, insbesondere umgebende Elbauen, Bauhaus Dessau, Siedlung Meisterhäuser, Schloss und Park Georgium

Reiche Vogelwelt

Das sogenannte Rittertor

Detail des Löwentores

Der Bau eines bis an das Schloss reichenden Walls (1817) und die Gestaltungen des Weinberges (ab 1818) unter Ausnutzung der natürlichen Geländeerhebung vervollständigten die Anlage. Hierzu gehörte auch der Bau der Steinterrassen und des Weinberghauses, eines bescheidenen klassizistischen Landhauses mit Säulenhalle und Aussichtsturm nach einem Entwurf des Erdmannsdorff-Nachfolgers Carlo Ignazio Pozzi. Unweit der Bruchsteinmauer am Nordhang des Weinberges ließ Herzog Leopold Friedrich 1831 zu Ehren seines Vaters einen Gedenkstein errichten.

Der Kühnauer Landschaftspark zeichnet sich noch heute durch seine große Naturnähe aus und ist nur sehr zurückhaltend mit Bauwerken und Kleinarchitekturen ausgestattet. Intensive Pflege- und Wiederherstellungsmaßnahmen setzten in den 1970er Jahren ein. Es wurden die wichtigen Sichtbeziehungen freigeschlagen, an deren Pflege seitdem ständig gearbeitet wird. Auch konnte mit der Entschlammung und

Wiederherstellung des Kühnauer Sees der ursprüngliche räumliche Zusammenhang von Park, See und Inseln wieder herausgearbeitet werden. Die heute restaurierten Partien um das malerisch gelegene Weinberghaus als Gestaltungshöhepunkt vermitteln den italienisch anmutenden Charakter der Anlage. Von hier breitet sich der lang gestreckte Park mit tiefen Sichten bis zur Kühnauer Kirche und zum Kühnauer See aus.

Die Fischerinsel

Das Gut Großkühnau befand sich im 18. Jahrhundert im Besitz des Fürsten Dietrich, Sohn des Fürsten Leopold I. von Anhalt-Dessau. Parallel zur Errichtung des Schlosses Georgium durch Prinz Hans-Jürgen begann der Bau des Schlosses Großkühnau. Sofort nach Fertigstellung im Jahre 1780 bezog Prinz Albert das neue Schloss. Zum Kühnauer Gut gehörten ein Küchengarten und eine Obstplantage. Den Schlossgarten hatte zwischen 1753 und 1765 bereits der Gärtner Schoch (1728–1793) angelegt. Die gestalterische Verbindung zwischen Schloss, Schlossgarten und Kühnauer Landschaftspark erfolgte erst mit den Gestaltungen am Kühnauer See und der Errichtung der Kirche (1828/29) im neoromanischen Stil, vermutlich durch Carlo Ignazio Pozzi.

Unmittelbar am Schloss befindet sich heute der Garten mit einem geradlinigen Wegesystem. Er enthält einige sehr alte, seltene Bäume, darunter einen großen Tulpenbaum. Am auffallendsten sind jedoch die riesigen Sumpfzypressen nordöstlich des Schlosses am Seeuferhang.

Dessau-Roßlau

Schloss Georgium, Georgengarten und Beckerbruch an der Elbe

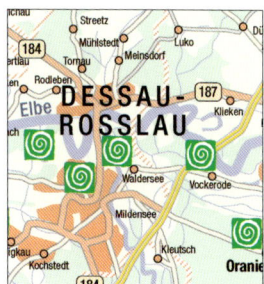

Das Georgium gehört neben den Wörlitzer Anlagen zu den größten Landschaftsparks im Gartenreich Dessau-Wörlitz. Es gliedert sich in die Anlagen Georgengarten und Beckerbruch mit Streitheger. Die Übergänge zwischen den Anlagenteilen werden durch den Roten und den Weißen Bogen markiert, beide zwischen 1781 und 1786 nach Entwürfen Erdmannsdorffs errichtet. Diese Bögen verdeutlichen als Sinnbilder für gestalterische Unterschiede das wichtige Prinzip des Weiterreichens im Gartenreich, das im Georgium besonders deutlich ausgeprägt ist. Verschiedene andere Ausstattungselemente (Skulpturen, Urnen, Vasen etc.), die immer wieder neue Zielpunkte bieten, unterstützten diesen Grundsatz des Zusammenführens zu einem Ganzen.

Im Georgengarten, in dem sich Schloss, Blumengartenhaus, Orangerie und Fremdenhaus befinden, wird wie auch in Wörlitz noch der suchende Anfang der landschaftlichen Gestaltungen deutlich. In der gleichzeitigen Verwendung barocker und schon landschaftlicher Gestaltungsmittel zeigt sich klar dieser Übergangscharakter. Im Schlossbereich herrscht noch eine fast regelmäßige, architekturbezogene Ordnung.

Schloss Georgium

Anschrift

Puschkinallee 100
06846 Dessau-Roßlau

Eigentümer

Stadt Dessau-Roßlau

Öffnungszeiten

Park ganzjährig frei zugänglich, im Schloss befinden sich eine grafische Sammlung und eine Gemäldegalerie
www.georgium.de

Anreise mit ÖPNV

Hbf. Dessau, Ausgang Ziebigk, kurzer Fußweg zum Park oder Bus ab Bus-Bhf. (Haltestelle „Puschkinallee")

Anreise mit PKW

Im Nordwesten der Stadt Dessau nahe dem Bahnhof gelegen, im Ort ausgeschildert, Parkplatz in der Heinz-Röttger-Straße

Fahrrad-/Wanderrouten

Gute Radwegeverbindung in Dessau, Wasserwanderwege auf der Elbe im Rahmen des Blauen Bandes in Sachsen-Anhalt
Tipp: Gartenreichtour Fürst Franz

Ausstellungen

Anhaltische Gemäldegalerie im Schloss, Graphische Sammlung im Fremdenhaus, Sonderausstellungen in Orangerie und Fremdenhaus, Johannbau – Museum für Stadtgeschichte

Fassade des Küchengebäudes

Der Ionische Tempel (Monopteros), entstanden um 1780

Der Beckerbruch dagegen erscheint sehr naturnah und ist als Auenwaldpark mit einfachem Wegenetz, Dämmen, Hügeln, kleinen Wiesen und Gewässern sowie vereinzelten Ausstattungselementen angelegt. Der Streitheger gehört zu den frühesten großräumigen Landschaftsgestaltungen und schließt die Elbe und den Leopoldshafen ein.

Die Geschichte des Gartens beginnt mit der Georgen- und der Querallee, die zusammen mit Flächenkäufen für das Jahr

> **Informationen**
>
> www.dessau-rosslau.de
> www.georgium.de
> www.gartenreich.com
> Die Anlage gehört zum UNESCO Welterbe Gartenreich Dessau-Wörlitz, Faltblatt zum Georgium (im Schloss zu erwerben)
>
> **Gastronomie/Angebote**
>
> Restaurant/Café in einem der Orangerieflügel
>
> **Sehenswürdigkeiten in der Umgebung**
>
> Anhaltisches Theater Dessau und Bauhaus Dessau, Siedlung Meisterhäuser, Museen, Gartenreich Dessau-Wörlitz

Das herzogliche Mausoleum

1770 belegt sind und in erste Planungen Eingang fanden. Prinz Johann Georg, jüngerer Bruder des Fürsten Franz, quittierte 1779 den Dienst als preußischer Offizier und beauftragte 1780 Johann George Schoch (1758–1826), den begabten Sohn des in Wörlitz tätigen Gärtners, mit der Anlage eines Gartens. Auch sein Schwiegervater Johann Friedrich Eyserbeck (1734–1818) hatte auf die Gestaltungen Einfluss.

Als einer der ersten Parkbauten entstand das Schloss Georgium, das um 1780 nach Plänen von Erdmannsdorff im frühklassizistischen Stil als Landhaus erbaut und in den 1890er Jahren um zwei Seitenflügel erweitert wurde. Auch baute man das Küchengebäude, das Blumengartenhaus und den Ionischen Tempel als zehnsäuligen Monopteros.

Entwürfe zur Gartenerweiterung beinhalteten 1786 die Orangerie im Süden und reichten im Norden bis zum Teich am Vasenhaus. Das Fremdenhaus wurde von Erdmannsdorff als „Architektonisches Lehrstück" konzipiert, bei dem jede Gebäudeseite in einem anderen Stil gestaltet war.

Nachdem 1786 ein Elbehochwasser die nördlichen Gartenteile überflutet hatte, entstand ein Hochwasserschutzwall im Beckerbruch, der die gestalterische Einbeziehung dieses Bereiches erst ermöglichte. Die nördlich gelegenen Gestaltungen und die dortigen Bauwerke des Elbpavillons und der

Sphingentor am Mausoleum

Brücken, Staffagen, Vasen und Skulpturen sind wichtige Gestaltungselemente des Parks.

Blumengartenhaus

Römischer Bogen

Wallwitzburg (heute Aussichtspunkt) bildeten eigene kleine Gestaltungszentren und waren zugleich Ausgangspunkt und Ziel zahlreicher Sichtbeziehungen zur optischen Verknüpfung der einzelnen Anlagen des Gartenreichs. Einst war die Wallwitzburg für Reisende aus dem Norden weithin sichtbare Ankündigung des Gartenreichs.

Die Gestalter des Georgiums, geprägt von Reisen nach England und Italien und ersten Erfahrungen in Wörlitz, schufen einen Park im englischen Stil, der ebenso wie die Wörlitzer Anlagen für jedermann zugänglich war. Wie dort sollten Bauwerke, Brücken, Tore, Sitze oder Skulpturen nach ihrem meist antiken Vorbild geschmacksbildend wirken. Am Ende des 19. Jahrhunderts entstand, angrenzend an den Georgengarten und über das Sphingenportal zu betreten, das Mausoleum mit dem Mausoleumsgarten, der seit 1958 als Tierpark genutzt wird.

Mit der Industrialisierung wuchs die Stadt an den Garten heran, die fließenden Übergänge in die Landschaft gingen mehr und mehr verloren. Auch innerhalb der Anlagen gab es Veränderungen. Während und nach dem Zweiten Weltkrieg

wurden mehrere Parkbauten zerstört. Eine neue Nutzung fand das Georgium ab 1959 mit der Unterbringung der Anhaltischen Gemäldegalerie.

Die Wiederherstellungen der Sichten und des historischen Wegenetzes wurden, begonnen in den 1960ern, in den 1990er Jahren konsequent weitergeführt und durch die Rekonstruktion wichtiger Gebäude und Kleinarchitekturen, wie beispielsweise des Fremdenhauses, der Orangerie, der Ruinenbrücke und des Roten Bogens, ergänzt.

Die Sieben Säulen (Römische Ruinen) und Ruinenbrücke

Bevern-Vase, im Hintergrund das Vasenhaus

Dessau-Roßlau

Schloss und Park Luisium an der Mulde

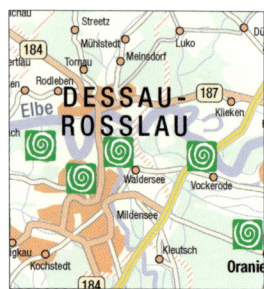

Wer den historischen Weg von Dessau nach Wörlitz verfolgt, gelangt zum Luisium als erstem gestalterischen Höhepunkt. Schon Zeitgenossen des Fürsten Franz lobten den stimmungsvollen Charakter des im 18. Jahrhundert angelegten Landschaftsgartens, der heute als Bestandteil des Gartenreiches Dessau-Wörlitz zum UNESCO-Welterbe gehört. Entstanden ist das heutige Luisium im Zuge der Landesverschönerungen des Fürsten Franz von Anhalt-Dessau.

Die Vorgängeranlage dieses Gartens war ein barocker Park, der sogenannte Vogelherdt. Diesen erwarb 1753 Fürst Dietrich für sein Mündel, den Erbprinzen Leopold III. Friedrich Franz von Anhalt-Dessau. Es wurde ein kleines Schloss erbaut, in dem der Erbprinz einen Teil seiner Jugendzeit verbrachte. Wahrscheinlich diente es zugleich als Jagdsitz. Nach seinem Regierungsantritt 1758 stellte Fürst Franz im Jahre 1762 Johann Friedrich Eyserbeck als Hofgärtner für den Park am Vogelherd ein. Im selben Jahr wurde die Allee zwischen Jonitzer Mühle und Vogelherd angelegt.

Malerisch liegt das klassizistische Landhaus am Wasser.

Anschrift

06844 Dessau-Roßlau
OT Waldersee

Eigentümer

Kulturstiftung DessauWörlitz

Öffnungszeiten

Park ganzjährig frei zugänglich, das Schloss kann im Rahmen von Führungen besichtigt werden

Anreise mit ÖPNV

Bhf. Dessau, dann mit dem Bus oder der Dessau-Wörlitzer Eisenbahn, Haltepunkt Waldersee

Anreise mit PKW

A 9 (Abfahrt Vockerode), in westlicher Richtung bis Dessau-Waldersee, Parkplätze an der Jonitzer Mühle und am südöstlichen Eingang zum Park

Schloss Luisium

Gestüt

1767 heiratete Franz die Prinzessin Luise Henriette Wilhelmine von Brandenburg-Schwedt (1750–1811), und die intensiven Gestaltungen am Vogelherd begannen 1774, als die westliche Hälfte des Parks als Landschaftsgarten umgestaltet wurde, den die Fürstin 1780 geschenkt bekam. Der Nutzgarten blieb jedoch weiterhin im Besitz des Fürsten. Noch heute verdeutlicht eine zwischen Nord- und Südtor eingespannte Kastanienallee die Trennung beider Anlagenteile. Kurze Zeit später erfolgte an der Stelle des abgerissenen Vorgängerbaus die Grundsteinlegung für ein klassizistisches Schloss (1774–

1778), das besser als Landhaus zu bezeichnen ist. Dieses Gebäude wird heute als Meisterwerk des Architekten Erdmannsdorff angesehen. Zeitgleich erfolgte auch die Gestaltung des Umfeldes. Mit Errichtung der Bogenbrücke (1776) wurde vermutlich auch der See in seiner lang gezogenen Form aus einem bereits vorhandenen Altarm der Mulde herausmodelliert.

1780, zur Feier des 30. Geburtstags der Fürstin, wurde der Vogelherd dann in „Luisium" umbenannt. Es begann eine intensive Gestaltungsphase mit der gleichzeitigen Anlage des neugotischen Gestüts (1779–1781) westlich des Parks. Die Nutzung der angrenzenden Wiesen als Fohlenweide machte den Bau einer in einen Wall integrierten Mauer zum Schutz des Parks erforderlich. Dieser sogenannte Aha sollte nicht als Grenze erlebbar sein. Weidevieh und Landwirtschaft wurden auf diese Weise als malerischer und zugleich ökonomischer Aspekt in die Anlagen integriert, ein ganzheitlicher Gestaltungsansatz der Verknüpfung des „Schönen mit dem Nützlichen", der dem gesamten Gartenreich zugrunde liegt.

Fahrrad-/Wanderrouten

Fürst-Franz-Radwanderweg, Fahrradausleihstation am alten Wörlitzer Bahnhof, Fahrradständer nahe Schlangenhaus, Wasserwanderwege auf der Elbe im Rahmen des Blauen Bandes in Sachsen-Anhalt

Führungen

gelegentliche Sonderführungen
Tel.: (03 40) 6 46 15 41,
(03 40) 6 46 15 44

Ausstellungen

Schloss mit Originalausstattung aus der Entstehungszeit (1774–1778)

Veranstaltungen

Sonntagskonzerte im Park
(Mai–September)

Informationen

www.gartenreich.com
Kulturführer zum Luisium, Anlage gehört zum UNESCO Welterbe Gartenreich Dessau-Wörlitz

Gastronomie/Angebote

Gaststätte in der Orangerie, exklusive Ferienwohnungen im Schlangenhaus und im Eyserbeck-Haus, Buchungen über Kulturstiftung DessauWörlitz
Tel.: (03 40) 64 61 50
Publikationen, Porzellan und Souvenirs im Schloss erhältlich

Sehenswürdigkeiten in der Umgebung

Gartenreich Dessau-Wörlitz, Anhaltische Gemäldegalerie im Schloss Georgium, Bauhaus Dessau, Technikmuseum „Hugo Junkers", Museum für Naturkunde und Vorgeschichte Dessau, Museum für Stadtgeschichte Dessau, Landestheater Dessau, Biosphärenreservat Mittlere Elbe und Naturpark Dübener Heide

Das Schlangenhaus, ein neogotischer Gartenpavillon, kann heute als Ferienwohnung gemietet werden.

Der Ruinenbogen und das „Verschleierte Bildnis"

Die Bogenbrücke

Sandsteinhermen am Eingang zum Luisium

In der Partie auf der Südseite des Schlosses entstanden ab 1782 die Grotte und der Pegasus-Brunnen, die das dortige Blumengartenhaus ergänzten. Dieses Gebäude diente ursprünglich als offener Sitz und Regenschutz. Zwei Sandsteinhermen, nicht weit vom südlichen Ufer des Sees, bildeten kurz hinter dem Südtor den Eingang zum Luisium aus Richtung Dessau. Im Wirtschaftsgarten des Fürsten am Wirtschaftshof (um 1750–1775) wurde das klassizistische „Orangenhaus" (1782–1785) nach dem Vorbild der Orangerie in Kew Gardens in London errichtet. Blickpunkt einer der Sichtachsen vom Landhaus ist hier im Osten des Parks das Ensemble eines römischen Ruinenbogens mit der Skulptur einer verschleierten weiblichen Figur.

Der östliche Teil des Parks mit dem Schlangenhaus, einem neugotischen Gartenpavillon, und dem Faunen-Brunnen entstand nach 1790. Das Schlangenhaus ist über eine Sichtachse mit dem Gestüt verbunden. Nach dem Tod der Fürstin wurden 1815/16 am Wall nach Wörlitz zwei neugotische Eingangs-

pavillons errichtet. Erst von diesem Zeitpunkt an war der Park jederzeit öffentlich zugänglich. Ab 1816 ließ Fürst Franz an die Jonitzer Kirche, den Endpunkt der südlichen Sichtachse des Landhauses, einen klassizistischen Turm mit Obelisken anfügen, der als Grabstätte für das Fürstenpaar konzipiert war. Vor Fertigstellung dieses Bauwerkes verstarb der Fürst 1817 im Luisium. Das Fürstenpaar konnte erst 1822 im Turm der Jonitzer Kirche beigesetzt werden.

1918 ging der Besitz an die Joachim-Ernst-Stiftung zur Bewahrung des kulturellen Erbes über. Nach wechselhafter Geschichte in den folgenden Jahrzehnten wurde in den 1950er Jahren ein Museum im Landhaus eröffnet. Erste Sichtachsen wurden freigeschnitten und Wege saniert. Mit dem wirtschaftlichen Niedergang der DDR konnte der Pflegezustand jedoch nicht gehalten werden. Erst zu Beginn der 1990er Jahre konnten mit Hilfe von Fördermitteln umfangreiche Restaurierungsarbeiten weitergeführt werden.

Das Luisium ist ein herausragendes Zeugnis der Gartenkunst aus der Zeit des beginnenden Klassizismus und der Empfindsamkeit, ein intimer, stimmungsvoller Garten mit zugleich artenreicher Flora und Fauna, harmonisch eingebunden in die weiträumig gestaltete Auenlandschaft. Sowohl ein großartiger Altbaumbestand als auch seltene Pflanzenarten wie Orchideen sind hier zu finden.

Pegasusbrunnen, 1781/82

Lange Blickachse im Luisium

Vockerode

Sieglitzer Berg an der Elbe

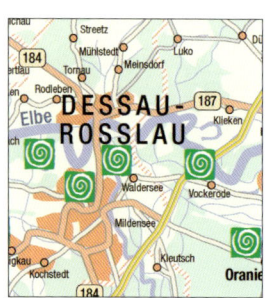

Schon bevor Fürst Franz ab 1777 den Wald auf dem Sieglitzer Berg behutsam in einen landschaftlichen Park umwandelte, war das Gebiet sein Holzlieferant und Jagdrevier. Zu diesem Zweck befand sich hier ein Wohnhaus mit Scheune für einen Wildfütterer.

Die natürliche Schönheit des Ortes mit seiner höhenexponierten Lage, dem weiten Blick bis in den Fläming, der größtmöglichen Nähe zur Elbe und alten Solitäreichen wurde in die Neugestaltungen einbezogen. Die Arbeiten begannen mit der Solitude (1777), die Erdmannsdorff in der Formensprache eines dorischen Tempels entworfen hatte. Das ländliche Gartenbild wurde durch die etwas abseits stehende Ruinenarchitektur eines antikisierenden Säulenstumpfs ergänzt. Hier verbargen sich Küche, Keller und die Warmwasserbereitung für das Bad der Solitude.

In den Folgejahren entstanden wegbegleitend und in den Blickachsen zur Solitude mythologische Parkstaffagen. Die Wilhelms-Vase ließ Fürst Franz 1784/85 zum Gedenken an den im Siebenjährigen Krieg gefallenen Freund, Graf Wilhelm von Anhalt, aufstellen. Die Skulpturengruppe der Diana und des Hirten wurde um 1785 am östlichen Ausgang des Waldes platziert. Die Figuren schauen auf den Dianatempel, ein 1775 in klassizistischem Stil erbautes Wachhaus auf dem Wallweg

Solitude

nach Wörlitz, das schon weithin sichtbar ist. Die Tore der umzäunten Anlage entstanden ab 1790 kurz nacheinander, zuerst das Dessauer Tor, dann das antikisierende Vockeroder Tor und das mittelalterlich anmutende Burgtor. Damit war die Gestaltung im Wesentlichen abgeschlossen.

Die größten Verluste sind im Park nach dem Zweiten Weltkrieg entstanden, als das Gelände militärisch genutzt wurde. Die Solitude, die noch bis 1979/80 bestand, wurde im Zuge dieser Nutzung gezielt abgerissen. In Rechtsträgerschaft des Staatlichen Forstwirtschaftsbetriebes erfolgte die Park-

Solitude und Dianenstatue

Das klassizistische Tor

Anschrift

06785 Oranienbaum-Wörlitz
OT Vockerode

Eigentümer

Land Sachsen-Anhalt, verwaltet durch die Kulturstiftung DessauWörlitz

Öffnungszeiten

Park ganzjährig frei zugänglich

Anreise mit ÖPNV

Bhf. Dessau, dann mit dem Bus Richtung Wörlitz

Anreise mit PKW

A 9 (Abfahrt Vockerode), Parkplatz in der Ortslage Vockerode

Fahrrad-/Wanderrouten

Elberadweg R 2 von Dessau zur Lutherstadt Wittenberg, Fahrradausleihstation am Alten Wörlitzer Bahnhof, „Fürst-Franz-Radwanderweg" durch das Dessau-Wörlitzer Gartenreich, Wasserwandern auf der Elbe

Informationen

www.gartenreich.com
Park gehört zum UNESCO Welterbe Gartenreich Dessau-Wöritz

Sehenswürdigkeiten in der Umgebung

Weitere Anlagen des Gartenreichs Dessau-Wörlitz

Auf Wallwegen

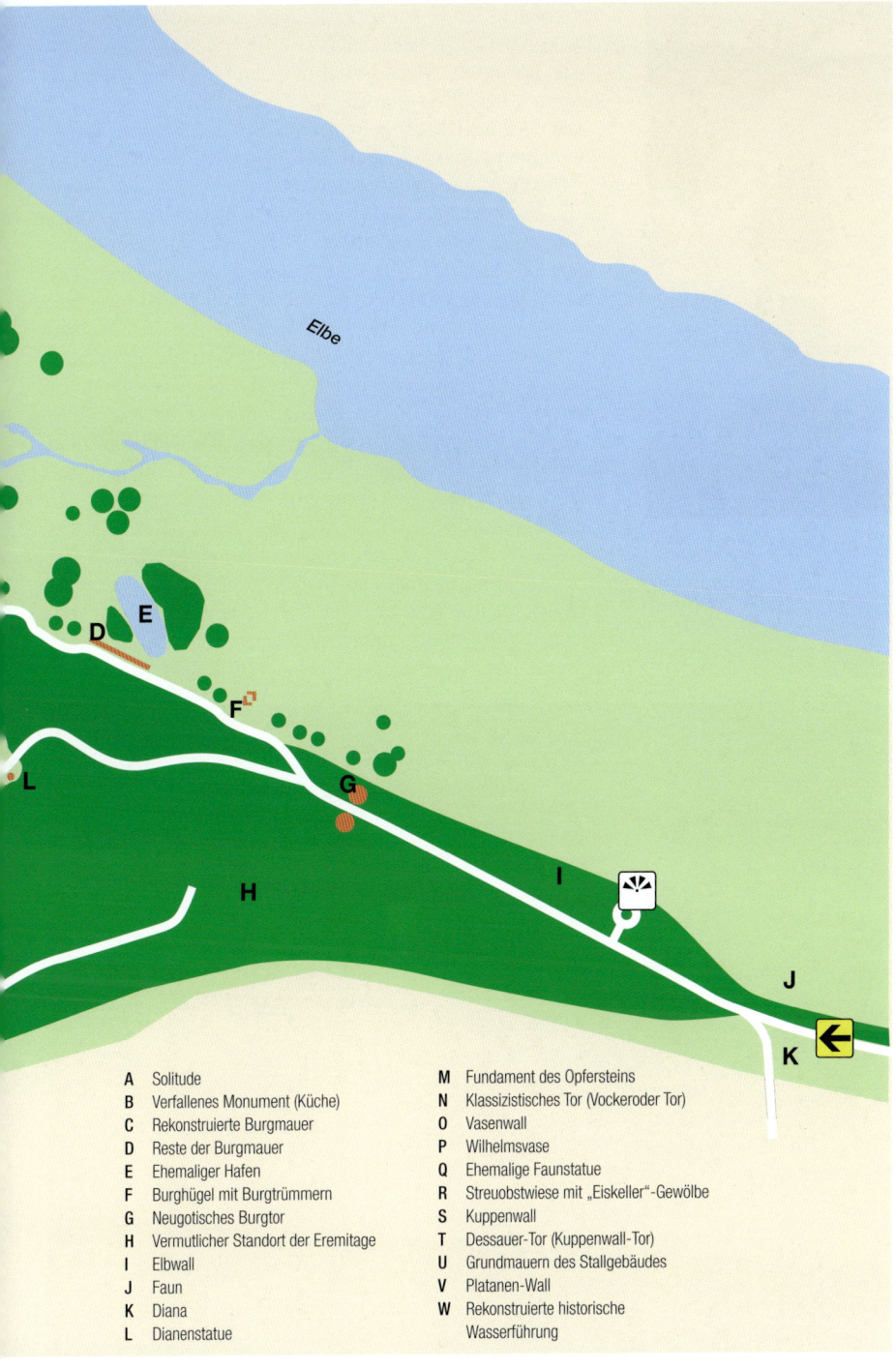

A	Solitude	M	Fundament des Opfersteins
B	Verfallenes Monument (Küche)	N	Klassizistisches Tor (Vockeroder Tor)
C	Rekonstruierte Burgmauer	O	Vasenwall
D	Reste der Burgmauer	P	Wilhelmsvase
E	Ehemaliger Hafen	Q	Ehemalige Faunstatue
F	Burghügel mit Burgtrümmern	R	Streuobstwiese mit „Eiskeller"-Gewölbe
G	Neugotisches Burgtor	S	Kuppenwall
H	Vermutlicher Standort der Eremitage	T	Dessauer-Tor (Kuppenwall-Tor)
I	Elbwall	U	Grundmauern des Stallgebäudes
J	Faun	V	Platanen-Wall
K	Diana	W	Rekonstruierte historische Wasserführung
L	Dianenstatue		

VOCKERODE

Die Skulpturen des Hirten (Faun) und der Diana (rechts) bilden ein Paar.

Burgtor

pflege zudem lange Zeit überwiegend unter forstlichen Gesichtspunkten. Erst nach 1990 konnten Sichten und Wege wieder hergestellt, Tore restauriert und Kopien einzelner Skulpturen installiert werden.

Der Sieglitzer Berg stellt heute einen naturnahen, waldartig dichten Landschaftspark mit fließenden Übergängen in den forstlich genutzten Auenwald dar, fernab jeglicher Hektik. Das räumliche Gefüge ist durch die wiederhergestellten axialen Beziehungen erlebbar. Nach mehrjährigem Engagement des Rotary Clubs Dessau konnte das wieder aufgebaute Schlösschen Solitude im Jahr 2012 eingeweiht werden. So gab vorbildlicher bürgerschaftlicher Einsatz der Anlage sein Herzstück zurück, welches, „der Besserung" gewidmet, Heiterkeit und südliches Flair ausstrahlt. Nahe der Solitude ist noch die ehemalige Prallhangsituation zur Elbe erkennbar, die einst als natürliche Grenze zwischen Preußen und dem Fürstentum Anhalt-Dessau direkt am Gebäude entlang floss. Heute liegt die Elbe jedoch etwa 400 Meter entfernt.

Der eigentliche Sieglitzer Berg, der dem Park seinen Namen gab, befindet sich als erhöhte Sanddüne westlich der Solitude. Vier historische Deichanlagen, der Elbwall, der Platanenwall, der Vasenwall und der Kupenwall binden den Sieglitzer Berg in die umgebende Überschwemmungsauenlandschaft des Gartenreiches Dessau-Wörlitz ein.

Wörlitz

Schloss und Wörlitzer Anlagen an der Elbe

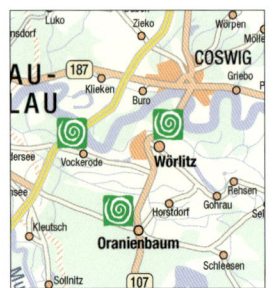

Die Wörlitzer Anlagen als Herzstück des Gartenreichs Dessau-Wörlitz sind Inbegriff der Aufklärung und des Klassizismus in Deutschland. Im 18. Jahrhundert von Leopold III. Friedrich Franz von Anhalt-Dessau angelegt, wurde Wörlitz zum Pilgerziel für Gelehrte und zum Vorbild für viele weitere Parkanlagen.

Als frühestes erhaltenes Werk der deutschen Landschaftsgartenkunst sind die Anlagen europaweit bekannt. Hier verbinden sich die Gestaltungen von Natur und Kunst zu neuer Einheit. Landschaft und Park fließen ineinander, Gartenräume, Bauwerke und bildende Kunst verschmelzen zum Gesamtkunstwerk dreidimensionaler Landschaftsbilder. Zentrales Element ist der Wörlitzer See, ein Altarm der Elbe, der über Kanäle mit den bei Deichbrüchen entstandenen Wasserflächen des Großen und des Kleinen Walllochs in Verbindung steht. Die erforderlichen Brücken vermitteln in ihrer Vielgestaltigkeit den damaligen Stand der Technik und lassen den pädagogischen Anspruch der Anlage auch heute noch erkennen. Sie verdeutlichen, ebenso wie die Wallwachhäuser und Obstbaumpflanzungen, das dem Gartenreich zugrunde liegende Leitthema der Verbindung des „Nützlichen mit dem Schönen". Zu den Gestaltungsprinzipien in den Wörlitzer Anlagen, besonders deutlich in Schochs Garten, gehört die führende Funktion der Wege, die in fast jeder Biegung ein planmäßig gestaltetes Garten- oder Landschaftsbild eröffnen.

Blick auf das Schloss und die Stadtkirche am Wörlitzer See

Die Wörlitzer Anlagen bestehen aus fünf Einzelgärten: dem Schlossgarten, Neumarks Garten, Schochs Garten, dem Weidenheger und den Neuen Anlagen, in denen die Entwicklungsschritte von den suchenden Anfängen in der zweiten Hälfte des 18. Jahrhunderts bis zur hohen Schule der Landschaftsgärtnerei im ausgehenden 18. Jahrhundert nachzuvollziehen sind. Die Gärten stehen untereinander und mit der umgebenden Landschaft durch Sichten, Wege, Brücken und Fähren in Verbindung.

Die ersten Veränderungen an der etwa hundert Jahre alten barocken Vorgängeranlage begannen 1765 nach der Rückkehr des Fürsten Leopold III. Friedrich Franz von seiner ersten Englandreise. Hier hatte er die entscheidenden Impulse zur symbolhaften Umsetzung seiner humanistischen, der

Blick zum Küchengebäude

Dornauszieher

Nympheum

a	Muschelsucherin (Nymphe)	o	Hohe Brücke
b	Dietrichsurne	p	Luisenklippe
c	Kniende Venus (Venus aus dem Bade)	q	Betplatz des Eremiten
d	Grotte der Egeria	r	Kettenbrücke
e	Eiserne Brücke	s	Garteninspektorenhaus
f	Schwimmbrücke	t	Palmenhaus
g	Dornauszieher	u	Weiße Brücke
h	Wachhaus zum Pferde	v	Hohenzackenbrücke
i	Neue Brücke	w	Schochs Grab
j	Warnungsaltar	x	Wolfsbrücke
k	Goldene Urne	y	"Eisenhart" mit Südsee- und Bibliothekspavillon
l	Agnesbrücke		
m	Dianenstatue	z	Friederikenbrücke
n	Monument		

A	Schloss Wörlitz (Landhaus)
B	Englischer Gartensitz
C	Küchengebäude mit Gartenreichladen und Gastwirtschaft
D	St.-Petri-Kirche
E	Propstei
F	Haus der Fürstin
G	Ehemalige Synagoge
H	Wurzelhaus
I	Insel „Stein" mit Villa Hamilton
J	Insel der Totenerinnerung
K	Piemonteser Bauernhaus
L	Rotes Wallwachhaus
M	Amalieninsel
N	Pantheon
O	Nymphaeum und Weinberg
P	Schochs Insel
Q	Große Wiese
R	Venustempel
S	Romantische Partie
T	Floratempel und Floragarten
U	Gotisches Haus mit Museum
V	Schwaneninsel
W	Roseninsel
X	Rousseau-Insel
Y	Labyrinth
Z	Elysium

Anschrift

06785 Oranienbaum-Wörlitz
OT Wörlitz

Eigentümer

Kulturstiftung DessauWörlitz

Öffnungszeiten

Park ganzjährig frei zugänglich, Schloss und Gotisches Haus können im Rahmen von Führungen besichtigt werden

Anreise mit ÖPNV

Bhf. Dessau mit der Dessau-Wörlitzer Eisenbahn oder mit dem Bus nach Wörlitz

Anreise mit PKW

A 9 (Abfahrt Dessau-Ost) Richtung Oranienbaum, B 107 nach Wörlitz oder A 9 (Abfahrt Vockerode), Richtung Wörlitz, PKW-, Caravan- und Busstellplätze auf dem Großparkplatz an der Seespitze

Fahrrad-/Wanderrouten

„Fürst-Franz-Radwanderweg", Elbe-Radweg R 2, Radständer am Marstall (Schlossnähe) und an der Platanenallee

Führungen

Regelmäßige Parkführungen der Wörlitz-Information
April–Oktober: 13.00 Uhr
Treffpunkt vor dem Schloss Wörlitz

Ausstellungen

Originalausstattung aus der Entstehungszeit (Schloss 1769–1773, Gotisches Haus 1773–1813)

Veranstaltungen

Vortragsabende, Seekonzerte

Informationen

www.gartenreich.com
www.woerlitz-information.de
Schloss und Wörlitzer Anlagen gehören zum UNESCO Welterbe Gartenreich Dessau-Wörlitz, im Küchengebäude, auf dem Eisenhart und im Sommersaal des Gotischen Hauses vielfältiges Angebot an Veröffentlichungen und Publikationen sowie Souvenirverkauf (Gartenreichladen)

Gastronomie/Angebote

Im Park im ehemaligen Küchengebäude, ansonsten im Ort Wörlitz diverse Angebote, auch Pensionen und Hotels

Insel Stein mit Villa Hamilton

Venustempel von der Luisenklippe aus gesehen

Aufklärung verpflichteten Ideen in landschaftliche Parkgestaltungen erhalten. Zunächst wurde in unmittelbarer Nachbarschaft des barocken Schlosses ein kleiner Landschaftsgarten gestaltet und der Englische Sitz (1765) am Schwanenteich errichtet. Ihm gegenüber, am anderen Ufer des Sees, wurde das Nymphaeum als Blick- und Aussichtspunkt angelegt.

1768/69 wurde das Barockschloss abgerissen und an dessen Stelle das erste klassizistische Landhaus nach den Plänen des Architekten Friedrich Wilhelm von Erdmannsdorff errichtet. Der entwarf 1771/72 auch das nahebei liegende Küchengebäude mit Sommersaal.

Zwei aufeinander folgende Hochwasserkatastrophen 1770/71 zerstörten die ersten Gestaltungen in den tiefer liegenden Gartenbereichen. Mit den gewonnenen Erfahrungen und Eindrücken einer Grand Tour wurden die Gestaltungen zwischen 1770 und 1790 erneuert und auf den Garten nördlich des Wörlitzer Sees ausgedehnt, später nach dem betreuenden Gärtner, Johann Leopold Ludwig Schoch (1728–1793), „Schochs Garten" genannt. Dabei waren die bereits geschaffenen Blickpunkte Nymphaeum und Gärtnerhaus Ausgangspunkte für die weitere Gestaltung der umliegenden Gartenbereiche. Für diese Entstehungsphase sind stark differenzierte Gartenräume und lange schmale Sichtbeziehungen charakteristisch. Das Gotische Haus wurde 1773 begonnen.

Eine dritte Gestaltungsphase wurde in den östlichen Partien der Wörlitzer Anlagen umgesetzt und weitestgehend vom Gärtnersohn Johann George Schoch (1758–1826) ausgeführt. Vorher hatten sein Vater und die anderen Gärtner eher

Wachhaus zum Pferde

Hohe Brücke, im Hintergrund der Floratempel

Krokusse im Park

Das Brückenprogramm des Fürsten Franz in den Wörlitzer Anlagen diente sowohl zur Belehrung als auch zur Verschönerung. Unterschiedliche Brücken überspannen die Wörlitzer Wasserläufe und verbinden das Nützliche mit dem Schönen, hier die Chinesische (Weiße) Brücke.

die Ausführung der vom Fürsten und seinem Freund Erdmannsdorff erdachten Raumkonzeptionen in das Gelände übertragen. Die Gestaltungen Schochs d. J. am Schmalen See und am Großen Wallloch unterlagen dem Einfluss der Landschaftsgärten Lancelot „Capability" Browns, dessen Gestaltungsgrundsätze Schoch in England studiert hatte: Alles sollte wie zufällig und natürlich entstanden wirken.

In den bereits fertiggestellten Gartenteilen entstanden weitere zahlreiche, von Reiseeindrücken geprägte Parkarchitekturen Erdmannsdorffs. Um 1800 waren die Arbeiten im Wesentlichen abgeschlossen.

Frühling am Venustempel

Synagoge

Diana, Jagdgöttin

Rhododendronpracht im Park

Rotes Wallwachhaus

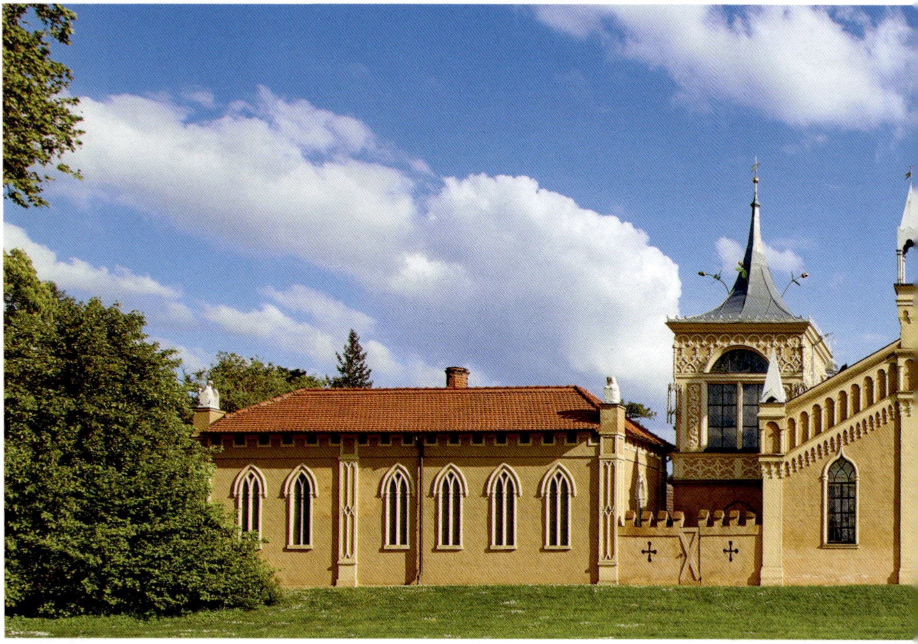

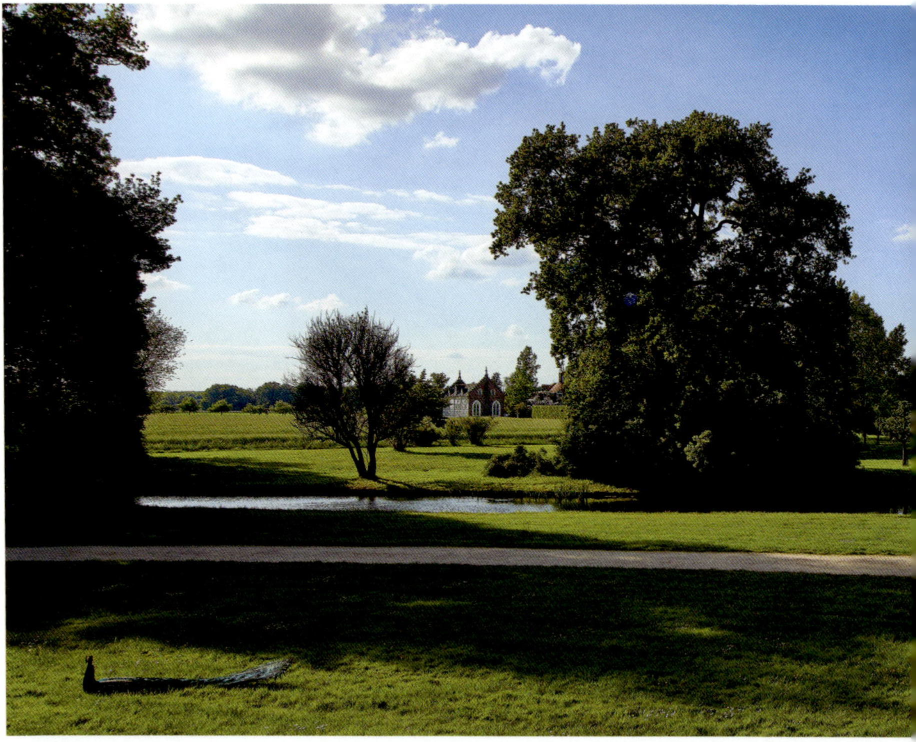

Das Gotische Haus – von der Kanalseite aus ahmt die Architektur die Kirche Madonna dell' Orto in Venedig nach.

Blick vom Gotischen Haus zur Gärtnerei, Floratempel und Küchengarten

Pantheon

Rousseau-Insel

Unter der Pergola am Eisenhart

> **Sehenswürdigkeiten in der Umgebung**
>
> Kirchen (Wörlitz, Riesigk, Mildensee, Vockerode, Jonitzer Kirche),
> Stadt Dessau,
> Stadt Wittenberg

Von Blüten, Faltern und Vogelwelt inspiriert: zum Frühlingserwachen am Schloss Wörlitz

Nach Jahrzehnten der Pflege begann dann eine Zeit des Pflanzens und Sammelns botanischer Besonderheiten. Kurzlebige Obstbäume und Pyramidenpappeln wurden nicht mehr artgleich nachgepflanzt. Dies veränderte die Parkräume, die Artenzusammensetzung und die Stimmungsbilder. Seit 1982 werden auf der Grundlage eines abgestimmten Handlungskonzeptes gärtnerische Restaurierungsmaßnahmen durchgeführt, deren Ziel es unter anderem ist, die Eigenarten der jeweiligen Einzelgärten wieder stärker herauszuarbeiten und ihre Verknüpfung durch Sichtbeziehungen wieder herzustellen.

Blick zum Schloss und zur Wörlitzer Kirche St. Petri

Oranienbaum

Schloss und Schlossgarten

Als Bestandteil des UNESCO-Welterbes Gartenreich Dessau-Wörlitz zählt Oranienbaum zu den wenigen erhaltenen Barockensembles niederländischer Prägung in Deutschland. Bei der Anlage ist die enge Verknüpfung von Schloss und Stadt bemerkenswert. Der barocke Stadtgrundriss ist auf das Schloss ausgerichtet. Gleichzeitig öffnet sich der Ehrenhof der dreiflügeligen Schlossanlage zum wiederhergestellten Markt, in dessen Mittelpunkt sich das Wappensymbol der Oranier befindet, ein schmiedeeiserner Orangenbaum auf einem Sandsteinsockel.

Einzigartig in Deutschland ist der Englisch-chinesische Garten, der aus der späteren Umgestaltung eines ehemaligen Inselgartens hervorgegangen ist. Er vermittelte zwischen der axialen Gliederung des Barockgartens und der ihn umgebenden Landschaft und damit zwischen den gegensätzlichen Gestaltungsauffassungen in der Gartenkunst jener Zeit.

Johann Georg II. von Anhalt-Dessau (1627–1693) heiratete 1659 Prinzessin Catharina von Oranien-Nassau, in deren Besitz der Ort Nischwitz kurz nach der Hochzeit überging. Im Jahre 1673 dann erschien Nischwitz in Kirchenbüchern erstmals unter dem Namen „Oranienbaum". Zehn Jahre später wurde unter dem niederländischen Baumeister Cornelis Ryckwaert mit der planmäßigen Gestaltung des Ensembles von Stadt, Schloss und Park Oranienbaum begonnen.

Ehrenhof am Schloss Oranienbaum

Nach dem Tode Johann Georgs verlegte Henriette Catharina ihren Witwensitz nach Oranienbaum. In ihrem Testament verfügte sie, dass am Garten keine Veränderungen vorzunehmen seien. Es ist davon auszugehen, dass sie auf die Gestaltungen großen Einfluss hatte. Nach ihrem Tod im Jahre 1708 baute der regierende Fürst Leopold I. den Garten weiter aus. Es entstanden unter anderem Alleen, Sternwege und eine neue Orangerie. Bis gegen Ende des 18. Jahrhunderts kam es zu keinen großen Veränderungen mehr, jedoch verwilderte nach dem Regierungsantritt Leopolds III. Friedrich Franz im Jahre 1758 der Park.

Erst als die großen Bauphasen in Wörlitz abgeschlossen waren, wandte sich Fürst Franz dem Park in Oranienbaum zu:

Blick zur Oranienbaumer Stadtkirche

Der schmiedeeiserne Orangenbaum am Markt

Gartenseite des Schlosses

Anschrift

Schlossstraße
06785 Oranienbaum-Wörlitz
OT Oranienbaum

Eigentümer

Kulturstiftung DessauWörlitz

Öffnungszeiten

Park ganzjährig frei zugänglich
Schloss: www.gartenreich.com

Anreise mit ÖPNV

Bhf. Dessau-Wörlitz, ab Dessau Bus ab Bus-Bhf., Fahrplanauskunft Dessauer Verkehrs GmbH, Tel.: (03 40) 8 99 25 20 oder mit der Dessau-Wörlitzer Eisenbahn (Haltepunkt Oranienbaumer Bhf.)

Anreise mit PKW

A 9 (Abfahrt Dessau-Ost), B 107, Parkmöglichkeit im näheren Umfeld

Fahrrad-/Wanderrouten

Radweg Dessau-Oranienbaum

Führungen

Anmeldung von Stadt- und Parkführungen:
Stadtinformation Oranienbaum
Schlossstraße17
06785 Oranienbaum
Tel.: (03 49 04) 2 25 20
stadtinfo@oranienbaum.de

Ausstellungen

Schloss mit Teilen der historischen Ausstattung (Führung April–Oktober), TabakCollegium im nördlichen Kavalierhaus

Informationen

www.gartenreich.com
Stadt, Schloss und Park gehören zum UNESCO Welterbe Gartenreich Dessau-Wörlitz, verschiedene Publikationen, z. B. Kulturführer zu Schloss und Park Oranienbaum

Gastronomie/Angebote

Keine innerhalb der Anlage, in unmittelbarer Nähe zwei Gaststätten/Hotels, Informationsmaterial und Souvenirs im Museum erhältlich

Sehenswürdigkeiten in der Umgebung

Biosphärenreservat Mittlere Elbe, weitere Gartenanlagen und Bauten des Gartenreichs, „Ferropolis"

A Schloss
B Ehemaliger Irrgarten
C Orangerie
D Wirtschaftsgebäude
E Parterre
F Delphin-Brunnen
G Englisch-chinesischer Garten
H Pagode
I Ehemalige lutherische Kirche
J Chinesisches Teehaus
K Doppelbrücke
L Wald
M TabakCollegium

0 m   100 m   500 m

SCHLOSS UND SCHLOSSGARTEN

Delphin-Brunnen im Parterre

rechts: Pagode

Verschiedene Brücken überspannen die Wasserläufe, im Hintergrund das chinesische Haus.

In den Jahren 1793 bis 1797 wurden auf seine Veranlassung hin der barocke Inselgarten und ein Teil des angeschlossenen Waldes im chinesischen Stil umgestaltet. Unter Einbeziehung des Kanals entstand eine kleingliedrige Insellandschaft mit Geländemodellierungen, Brücken und Schlängelwegen. Das Gartenhaus auf der Insel wurde als chinesischer Teepavillon nach einer Vorlage von William Chambers (1723–1796) errichtet.

Die fünfgeschossige Pagode (1795–1797) auf dem künstlichen Felsenhügel im Englisch-chinesischen Garten wurde

nach dem Vorbild der von Chambers in Kew Gardens entworfenen Pagode errichtet. Als letztes Bauwerk entstand ab 1813 die Orangerie, vermutlich nach Plänen von Carlo Ignazio Pozzi (1766–1842). 1843 sollen hier 344 Orangenbäume gestanden haben. In den folgenden Jahrzehnten ließ das Interesse des Fürstenhauses an der Oranienbaumer Anlage wieder nach. Mangelnde Pflege und zunehmende Überbauung veränderten das Bild.

Seit der Wiederbelebung der Kulturstiftung DessauWörlitz in den frühen 1990er Jahren steht der Park wieder stärker im Zentrum der Aufmerksamkeit. Umfangreiche Sanierungs- und Rekonstruktionsmaßnahmen sind bereits durchgeführt worden. Der niederländische Einfluss in Form von Kanälen und Brücken ist noch deutlich erkennbar.

Die Orangerie am südlichen Parkrand ist mit einer Länge von 175 Metern eine der größten in Europa. Sie beherbergt heute wieder eine stattliche Sammlung von Kübelpflanzen und führt damit die über 300-jährige Tradition des Zitruspflanzenanbaus fort. Der historische Pflanzturm kommt noch immer beim Umpflanzen der Kübelpflanzen zum Einsatz. Damit stellt die gepflegte barocke Gartenanlage ein gartenkünstlerisches Kleinod dar, dem Aufmerksamkeit weit über die Grenzen des historischen Gartenreiches hinaus gebührt.

Brunnenschale

links: Eine filigrane Bogenbrücke im Englisch-chinesischen Garten

Romantisch mutet das chinesische Teehaus im englisch-chinesischen Garten an.

Reinharz

Schloss und Schlosspark

Am Südrand des ehemaligen Gutsdorfes Reinharz gelegen, ist das Schloss mit seinem übermächtigen Turm Wahrzeichen des Ortes und schon aus der Ferne sichtbar. Der sich nach Süden erstreckende Park bildet den Übergang in die sanft hügelige Landschaft der Dübener Heide. Eng verwoben ist die Entwicklung von Reinharz mit der aus Pretzsch stammenden Familie Löser, die seit 1486 hier wirkte und 1666 durch den sächsischen Kurfürsten mit dem neugeschaffenen Rittergut Reinharz belehnt wurde.

Der kursächsische Erbmarschall Heinrich Löser ließ hier zwischen 1690 und 1701 ein repräsentatives Wasserschloss erbauen, um Fürsten und Kurfürsten während der Jagden in der Dübener Heide würdig beherbergen zu können. Mit dem Bau des Schlosses wurden um 1690 auch der Park sowie der Schloss- und Brauhausteich angelegt.

Die Vollendung der barocken Gartenanlage erfolgte vermutlich in der ersten Hälfte des 18. Jahrhunderts unter der Regie Hans Lösers (1704–1763), der 1748 das Schloss umbauen ließ. Auskunft über die Gestalt der Gartenanlage gibt ein zeitgenössisches Gemälde (um 1750). Die formal gegliederte Gartenanlage besaß ein reich gestaltetes Broderieparterre, chinoise Pavillons, geschnittene Heckenanlagen, grüne Treillagen, mehrreihige Baumpflanzungen sowie Formgehöl-

Die Türme von Schloss und Kirche sind markante Zeichen in der Landschaft.

Anschrift

Reinharz 87
06905 Bad Schmiedeberg

Eigentümer

Schloss Reinharz GbR

Öffnungszeiten

Park ganzjährig frei zugänglich
Schloss bei Führungen:
Sa/So 14.00 und 15.00 Uhr sowie
auf Anfrage

Anreise mit ÖPNV

Bhf. Bad Schmiedeberg, Bus bis
Reinharz

Anreise mit PKW

A 9 (Abfahrt Coswig) über
Wittenberg, B 182 Richtung
Pretzsch, weiter Landstraße nach
Bad Schmiedeberg bis Abzweig
Reinharz, Parkplätze vorhanden

Fahrrad-/Wanderrouten

Ort und Schloss sind an das Fuß-
und Radwandernetz des Naturparks
Dübener Heide angeschlossen

rechts: Schloss Reinharz

*Romantische Ufer und
Waldwege*

ze. Einen besonderen Höhepunkt des Gartens bildete die bogenförmige Aufweitung der Treppenanlage zum Brauhausteich, die vermutlich als Gondelanleger genutzt wurde, mit der gegenüberliegenden Hexeninsel.

Erbbedingte Hintergründe in der Familie oder vielleicht auch ihr aufwendiger Lebensstil führten 1837 zum Verkauf des Anwesens an die bürgerliche Familie Hertwig. Nach 1850 erfolgte unter Wilhelm Hertwig die Umgestaltung in einen landschaftlichen Park. Das nördliche Broderieparterre mit dem streng axialen Wegesystem wurde aufgelöst und eine

> **Führungen**
>
> Führungen durch Schloss und Park, veranstaltet vom Förderverein Schloss Reinharz e. V.
> Tel.: (03 49 25) 7 17 86
>
> **Ausstellungen**
>
> Geplante Workshops und Projekttreffen für junge Künstler und zukünftig museale Ausstellung über die Geschichte von Schloss und Park
>
> **Veranstaltungen**
>
> Regelmäßige kulturelle Veranstaltungen (Konzerte u. ä.), Außenstelle des Standesamtes Bad Schmiedeberg

Reste der barocken Gestaltung

Der Brauhausteich

zusammenhängende Schlosswiese mit einer landschaftlichen Kulisse aus Solitärbäumen und Gehölzgruppen angelegt.

Nach 1945 wurde das Rittergut Reinharz enteignet. Schloss, Park und einige landwirtschaftliche Flächen wurden zur Einrichtung eines Genesungsheims verwendet. In dieser

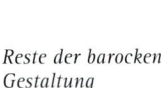

Zeit der Kurparknutzung kamen auch neue Elemente wie eine Tanzfläche und eine Bühne in den Park, die noch heute teilweise erhalten sind. Nachdem der Kurbetrieb 1990 eingestellt wurde, ging im Jahr darauf das Anwesen in den Besitz des Landes Sachsen-Anhalt über. Bis es 1998 zum Verkauf kam, konnten im Park nur reine Unterhaltungsmaßnahmen durchgeführt werden.

Vor allem die landschaftlichen Gestaltungen des 19. und die Ergänzungen des 20. Jahrhunderts, in die einzelne Elemente des Barockgartens integriert wurden, prägen das heutige Erscheinungsbild der Parkanlage. Der erhaltene Altbaumbestand und die Schlosswiese gehen im hinteren Parkbereich in einen waldartigen Zustand über. Eine Besonderheit ist der etwa 120 Meter lange ehemalige Hainbuchenlaubengang westlich der Schlosswiese, der sich heute als ausgewachsene Allee präsentiert. Der älteste Baum der Parkanlage, eine Stieleiche, ist als Naturdenkmal geschützt.

Das Schloss ist in seiner äußeren Gestalt, mit Ausnahme von einigen baulichen Veränderungen im 19. Jahrhundert, fast vollständig erhalten geblieben. Es ist aber mit den zugehörigen Brückenbauten, Einfriedungen und Toranlagen dringend sanierungsbedürftig. Erste wichtige Erhaltungsmaßnahmen wurden in den vergangenen Jahren durchgeführt, weitere Arbeiten sind für die Zukunft geplant. Wichtigstes Ziel der denkmalpflegerischen Konzeption ist die Erhaltung des historischen Ensembles aus Schlossanlage und Park.

> **Informationen**
> www.schloss-reinharz.de
> Tel.: (03 49 25) 7 17 86
>
> **Gastronomie/Angebote**
> Schlosscafé „Graf Löser"
> Tel.: (03 49 25) 7 93 09
>
> **Übernachtungen**
> Aparthotel garni „Gärtnerhaus Schloss Reinharz"
> Tel.: (03 49 25) 15 95 30
> www.gaertnerhaus-reinharz.de
>
> **Sehenswürdigkeiten in der Umgebung**
> Erhaltene dörfliche Struktur des Ortes Reinharz mit restaurierter Kirche im Zentrum, Naturpark Dübener Heide (Wandertourismus)

Altbäume rahmen die Schlosswiese.

Altjeßnitz

Gut und Gutspark

Der spannende Weg zum Zentrum des Irrgartens

Der Gutspark von Altjeßnitz zieht jedes Jahr viele tausend Besucher an. Grund ist der Irrgarten im Zentrum des Parks, der mit einer Fläche von 2600 qm der größte und älteste barocke Irrgarten Deutschlands ist. Zwei Meter hohe Hainbuchenhecken und enge Wege versprechen einen eindrucksvollen Irrlauf vom Eingang zum Zentrum und wieder zurück. Als Belohnung lässt sich von einer erhöhten Aussichtsplattform in seinem Zentrum der gesamte Garten überblicken. Hier erkennt man auch, dass sich der Irrgarten inmitten eines rund vier Hektar großen landschaftlich gestalteten Parks befindet, der durch den malerischen alten Baumbestand mit dendrologischen Besonderheiten, geschwungene Spazierwege, kleine Wiesen und einen Teich mit Halbinsel geprägt ist. Neben einheimischen Gehölzen, wie Eiche oder Esche, die zum Teil einen Stammumfang bis zu 3 Meter aufweisen, sind auch stattliche Exemplare von Blutbuche, Esskastanie, Fächerblattbaum, Platane, Tulpen- und Trompetenbaum zu finden.

Die Entstehung der Gesamtanlage geht auf das 17. Jahrhundert zurück: Hans Adam Freiherr v. Ende erwarb 1694 das damalige Rittergut aus dem Besitz der Herren von Reppichau. In den nachfolgenden Jahren wurde das Anwesen als Hauptsitz der Familie zu einem vornehmen Landsitz ausgebaut, und es entstand eine Schloss- und Parkanlage im Stil des späten Barock. Mit dem Schlossbau wurde 1699 begonnen. Eine Erweiterung erfolgte durch einen zusätzlichen Seitenflügel im Jahr 1737. In welchem Jahr der Gutspark entstand, lässt sich aus der bisherigen Quellenlage nicht genau ermitteln. Die Entstehung der Parkanlage ist aber in enger Verbindung mit dem Schlossbau zu vermuten, und verschiedene Quellen datieren das Entstehungsjahr des Irrgartens auf die Zeit zwischen 1730 und 1754.

In späteren Jahrhunderten ist der Heckengarten teilweise konzeptionell verändert worden, und die einst quadratische Anlage bekam eine mehr rechteckige Form. Im Grundsatz ist der Irrgarten jedoch bis heute in weiten Teilen erhalten.

Bis 1945 war der Gutspark im Familienbesitz der Freiherren v. Ende und wurde durch die zum Rittergut gehörende Gärtnerei instand gehalten. Für die Dorfbewohner war der Park nur am Wochenende geöffnet. Dies änderte sich erst, als der Park nach 1945 in den Besitz der Gemeinde Altjeßnitz überging. Seither sind die Anlagen für die Öffentlichkeit zugänglich.

Als Überbleibsel aus der Entstehungszeit befinden sich noch heute einige Figuren und Urnen im Park. Eine davon ist Ceres, die in Stein gehauene römische Göttin der Feldfrüchte, die den Eingang des Irrgartens bewacht. Auch das ehemalige Wegesystem ist neben dem alten Baumbestand in weiten Teilen erhalten.

Der neuere Schlosskomplex wurde 1946 durch einen Brand beschädigt und daraufhin wie auch ein Großteil des alten Schlossbereichs abgerissen. Nur der Glockenturm über der Toreinfahrt und die Gutsgebäude sind heute noch erhalten. Weitere Baulichkeiten sind in eine Wohnbebauung integriert und für die Öffentlichkeit nicht mehr zugänglich.

Besonderes Schmuckstück der Parkanlage ist die kleine, im romanischen Stil erbaute Dorfkirche aus Feldstein, die in den vergangenen Jahren saniert wurde. Sie stammt aus dem 12. Jahrhundert und war früher Teil eines Franziskanerklosters.

Anschrift
Parkstraße
06800 Raguhn-Jeßnitz
OT Altjeßnitz

Eigentümer
Gemeinde Altjeßnitz

Öffnungszeiten
Mitte März–Oktober
Mo–Fr 9.00–20.00 Uhr
Sa/So 10.00–20.00 Uhr
letzter Einlass 18.00 Uhr

Anreise mit ÖPNV
Nicht möglich

Anreise mit PKW
A 9 (Abfahrt Dessau-Süd) über B 100 bzw. B 184 nach Raguhn, L 135 nach Altjeßnitz, Park innerhalb des Dorfes ausgeschildert, Parkplatz an der Parkstraße gegenüber Parkeingang

Führungen
Parkführungen einschließlich Dorfkirche in den Sommermonaten nach Anmeldung
Tel.: (0 34 94) 7 81 58

Veranstaltungen
In den Sommermonaten thematische Veranstaltungen, Höhepunkt: Barocker Gartentag im Juli

Informationen
www.irrgarten-altjessnitz.de
Naturlehrpfad zu markanten Bäumen im Park, Informationstafel im Park

Gastronomie/Angebote
Parkgaststätte und Café im Gutspark

Sehenswürdigkeiten in der Umgebung
Landschaftspark Goitzsche in Pouch, Gartenreich Dessau-Wörlitz

Feldsteinkirche im Gutspark

A Ehemaliger Gutshof
B Ehemaliges Schloss
C Gutseinfahrt mit Torturm
D Ehemaliges Schloss, Seitenflügel
E Gaststätte, Restaurant
F Freilichtbühne
G Rondell
H Gedenkstätte
I Kirche
J Ceres-Skulptur
K Barocker Irrgarten mir Aussichtsplattform
L Begräbnisinsel
M Historische Rundbank
N Proserpina-Skulptur

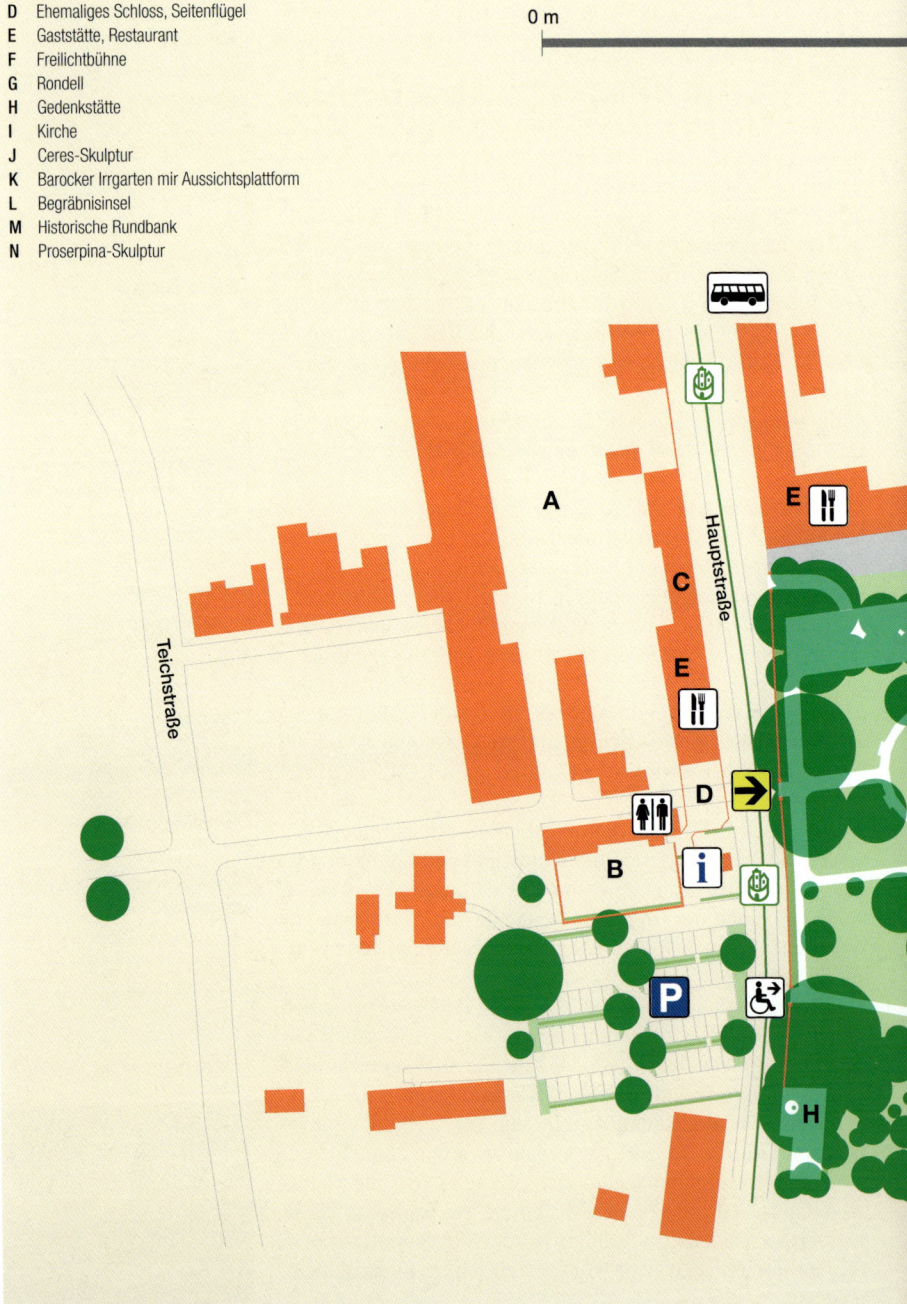

Pouch

Landschaftspark Goitzsche

Der Grundstein des modernen Landschaftsparks wurde im Zuge der Expo 2000 in der Bergbaufolgelandschaft des 1991 stillgelegten Braunkohletagebaus gelegt. Als weltweit größtes Landschaftskunstprojekt sind so auf der künstlich angelegten Halbinsel Pouch verschiedene künstlerische Zitate entstanden.

Innerhalb kürzester Zeit vollzog sich hier erlebbare Landschaftsgeschichte: 1949 noch floss die Mulde in ihrem alten Bett. Dann aber wurde mit dem Aufschluss des Tagebaus begonnen und über vier Jahrzehnte hinweg mit Braunkohle und Bernstein 15 bis 20 Millionen Jahre alte Erdgeschichte zu Tage gefördert. Mit der Einstellung der Kohleförderung begann 1991 die nachindustrielle Zukunft dieser Landschaft. Es wurde der Grundstein gelegt für eine schrittweise und spannende Entwicklung, die sich die spezifischen Eigenheiten der Tagebaulandschaft zu eigen macht und sie als Qualitäten anerkennt.

Die Parkanlage auf der Halbinsel Pouch ist dabei ein Teilbereich innerhalb der Kulturlandschaft Goitzsche. Noch ist die Gestaltung nicht abgeschlossen, aber einzelne großräumige Kunstobjekte des modernen Landschaftsparks sind bereits zu erleben. Andere Entwurfsgedanken werden in Zukunft noch entstehen.

„Segeltörn" mit dem Piratenschiff auf dem Großen Goitzschesee

A „Agora", Open-Air-Veranstaltungsbühne
B Landschaftsgestaltung „8 Hügel und 49 Haldenkegel"
C Kunstwerk „Die schwimmenden Steine"
D Erdnarbe
E Kunstwerk „Labyrinth"
G Ufergestaltung „Die Haut"

Anschrift
Auf der Halbinsel südwestlich des Ortes
06774 Pouch

Eigentümer
Goitzsche Grundstücksgesellschaft mbH

Öffnungszeiten
Park ganzjährig frei zugänglich

Anreise mit ÖPNV
Bhf. Bitterfeld, weiter mit dem Bus

Anreise mit PKW
A 9 (Abfahrt Wolfen), B 100/B 183 Richtung Bitterfeld, Ortsdurchfahrt Richtung Bad Düben, Zugang zwischen den Ortslagen Pouch und Mühlbeck an der B 100, Parkplatz am Eingang des Parkes in Kiefernschonung

Führungen
Anmeldung zu Führungen:
Zweckverband Bergbaufolgelandschaft Goitzsche
Tel.: (0 34 93) 51 13 60

Ausstellungen
Park selbst weltweit größtes Landschaftskunstprojekt

Veranstaltungen
Amphitheater am AGORA-Platz mit 3800 Sitzplätzen für Veranstaltungen

Informationen
Goitzsche Tourismus GmbH
Bismarckstraße 17 b
06749 Bitterfeld-Wolfen
Tel.: (0 34 93) 9 29 29 20
www.goitzsche-tourismus.de

Zenon Polus: „Labyrinth"

rechts: Der Pegelturm

Die Kunstprojekte in der Landschaft konzentrieren sich auf die nördlichen Uferbereiche des Großen Sees der Goitzsche, vor allem auf das Gebiet der Halbinsel Pouch. Konzeptioneller Leitgedanke ist „Erinnerungsarbeit" an den Kohleabbau. Dieser Zusammenhang erschließt sich dem Betrachter heute bereits beim Anblick des künstlerischen Zitats der

Villa am Bernsteinsee

Schüttkegel

Agora

LANDSCHAFTSPARK GOITZSCHE

Schüttkegel „8 Hügel und 49 Haldenkegel", gestaltet von Marc Barbarit und Gilles Bruni. Auch die „Narbe" liegt als geschwungener Graben zwischen den Hügeln und Schüttkegeln. Acht Klangpunkte führen in einer sich weitenden Zickzacklinie durch die Narbe, wobei die Klangarchitektur von Andres Bosshard geschaffen wurde.

Weitere Landschaftskunstprojekte, die auf vielfältige Weise mit dem Ort verwachsen sind, sind das „Labyrinth" von Zenon Polus und der „verschwundene Fluss" von Herman Prigann als Reminiszenz an den alten Muldelauf. Im Mittelpunkt der Gestaltungen auf der Halbinsel, im Schnittpunkt vieler Wege, liegt als Erlebnis- und Veranstaltungsraum die AGORA. Auch die Wege selbst sind Bestandteile der Gestaltungsphilosophie.

Die AGORA ist von einem Windschutz-Baumgürtel umgeben, der als „Windklang-Orchester" zu hören ist. Verschiedene Gehölze wurden nach ihren klanglichen Eigenschaften ausgewählt und in Stimmgruppen gepflanzt. Der fernwirksame Pegelturm ist aus einer Wegeachse in Form einer „Sichtbrücke" über die entstehende Wasserfläche eindrucksvoll erlebbar.

Als jüngstes Beispiel der gartenkunstgeschichtlichen Entwicklung der Parks und Gärten in Sachsen-Anhalt verspricht der Landschaftspark Goitzsche ein künstlerisch geprägtes, geschichtsinterpretierendes Erlebnis.

> **Gastronomie/Angebote**
> In den Orten Pouch und Mühlbeck, Verkauf von Publikationen am Pegelturm (April–Oktober)
>
> **Sehenswürdigkeiten in der Umgebung**
> Bergbaufolgelandschaft um den Muldestausee mit Umweltinformationszentrum „Haus am See", „Bitterfelder Bogen", Heide-Camp in Schlaitz, Ferropolis in Gräfenhainichen, Naturpark Dübener Heide, Biosphärenreservat Mittlere Elbe, Gartenreich Dessau-Wörlitz, Buchdorf Mühlbeck-Friedersdorf

Anatol Herzfeld: „Wächter der Goitzsche"

Ostrau

Schloss und Schlosspark

Beim Herannahen an das Schloss erstaunt dessen Größe. Grund dafür ist die ehemals strategisch günstige Lage des 1125 erstmals erwähnten Ortes. Im Grenzgebiet verschiedener Herrschaftsräume, nahe am Petersberg mit seinem Kloster, entwickelte sich Ostrau früh zum Adelssitz. Bereits Anfang des 16. Jahrhunderts erwähnen historische Quellen einen Baum- und Kräutergarten zur Versorgung der Herrschaft, später dann einen Lustgarten. Dessen Umfassungsmauern (1618) liegen mit ihrem vasengeschmückten Eingangsportal und den Relikten eines alten Gartenpavillons (1748) noch vor Betreten der Schlossinsel an der Straße und sind mit Resten des Baumgartens und der Schlossinsel die ältesten Bereiche der Gesamtanlage.

Ihre besondere Prägung erfuhren die Gärten, nachdem Ostrau in den Besitz der auch in Harbke ansässigen Familie von Veltheim gelangt war: 1585 erwarb Achaz von Veltheim (gest. 1588) Ostrau und errichtete das alte Wasserschloss. Dazu gehörte auch das Eingangsportal (1588), dessen Reste den Zugang zur Schlossinsel bilden. Seine Witwe Margarethe, geborene von Saldern vervollständigte sein Werk bis spätestens 1613 mit einem ersten renaissancezeitlichen Lustgarten auf Teilen des alten Baumgartens.

Schlossgraben in Ostrau

A Schloss
B Sonnenpavillon
C Standort ehemaliges Wasserschloss
D Ehemaliger Lustgarten (1613)
E Parktor
F Parkfriedhof der Familie Veltheim
G Gedenkschale
H Gedenkurne
I Katzenberg
J Ehemaliges Forsthaus
K Bachbogen
L Steintisch
M Evangelische Barockkirche

1 Ginkgo
2 Tulpenbaum
3 Urweltmammutbaum
4 Sumpfzypresse
5 Rotbuche
6 Zürgelbaum
7 Kaukasische Flügelnuss

Anschrift
Schlossstraße 11
06193 Petersberg OT Ostrau

Eigentümer
Gemeinde Petersberg

Öffnungszeiten
Park ganzjährig frei zugänglich,
Schloss und Kirche auf Anfrage

Anreise mit ÖPNV
Hbf. Halle, Bus-Bhf. mit Bus nach Ostrau

Anreise mit PKW
A 14 (Abfahrt Löbejün, Halle-Trotha oder Halle-Tornau) oder
A 9 (Abfahrt Bitterfeld/Wolfen), dann Richtung Zörbig

Fahrrad-/Wanderrouten
Straße der Romanik, Wettiner Weg, Lutherweg (Mösthinsdorf)

Führungen
auf Anfrage
www.ostrau.de
Tel.: (03 46 00) 2 56 42

Ausstellungen
Vernissagen im Schloss

Schloss Ostrau

Schlossgraben

Otto Ludwig von Veltheim (1672–1714) leitete ab 1696 eine neue Epoche in Ostrau ein: Er begann mit dem Bau eines neuen barocken Schlosses (1710–1726), vermutlich nach den Plänen des französischen Architekten Louis Remy de la Fosse. Der Schlossbau wurde durch Otto Ludwigs Sohn Josias II. (1696–1747) um 1718 fertiggestellt. Es wird vermutet, dass unter ihm auch der nicht mehr vorhandene barocke Lustgarten auf der Schlossinsel entstand. Der reich ausgestattete Garten besaß eine Orangerie, Melonentreibhäuser und Parterres mit Formgehölzen, Stauden und den damals begehrten Tulpen. Dieser Garten ergänzte den Alten Lustgarten, dessen Mauern, Portale und Lusthaus im Übergang zum Baumgarten ebenfalls neu angelegt wurden.

Um 1760 wandelte sich der Ostrauer Garten nordöstlich des Schlosses zu einem Landschaftspark nach englischem Vorbild, sehr wahrscheinlich auch beeinflusst von den damaligen Entwicklungen in Harbke. In den Park wurde eine alte Linde der barocken Gestaltung einbezogen, die noch heute Blickpunkt vom Schloss ist. Aus älteren Gestaltungen stammen auch die mit Initialen verzierten Steintische. Zeitgenössische Beschreibungen um 1779 lobten die vielen ungewöhnlichen und ausländischen Bäume und die melancholisch-feierliche Stimmung in Ostrau.

Auch Franz Wilhelm Werner von Veltheim (1785–1839) wirkte mit seiner Naturliebe und umfassenden Gehölzkenntnis in den 1830er Jahren auf den Park und entwickelte das System aus kleineren Teichen und Kanälen mit seinem stimmungsvollen Ambiente. Ausgefallene Bäume, darunter Gelbe Pavie, Ginkgo, Tulpenbaum und imposante Buchen, einige davon über 200 Jahre alt, bereichern noch heute den Park.

Spannende Entdeckungen auf einem Rundweg um den ehemaligen Mühlteich bereiten die verschiedenen Gedenkstätten, die die von Veltheims für ihre Familienangehörigen errichteten. Ludolf Heinrich (1830–1900) ließ beispielsweise am Lieblingsplatz seiner Eltern Franz Wilhelm Werner und Marianne eine Gedenkschale mit Blick auf das Schloss und ehemals den Petersberg aufstellen. Auch legte er 1899 den Parkfriedhof an, auf dem als Erste seine Frau Klara Amalie beigesetzt wurde.

Ab 1927 modernisierte der Gelehrte und Anthroposoph Hans Hasso von Veltheim (1885–1956) das Schloss und stellte die Harmonie des Parkbildes wieder her. Fernöstlich-anthroposophischen Idealen folgend, legte er philosophisch inspirierte Wege an, darunter den „Dr.-Rudolf-Steiner-Weg",

Gedenkschale

Im Frühling sind die Parkwiesen mit Schneeglöckchen und Winterlingen besprenkelt.

Veranstaltungen

Winterling-Tage, Schloss- und Parkfest, Märkte, Konzerte, Lesungen, Tagungen, Pfingst-Picknick, Lichter-Nacht, Tag des offenen Denkmals

Informationen

www.gemeinde-petersberg.de
Tel.: (03 46 06) 25 31 00
www.ostrau.de

Gastronomie/Angebote

Landgasthaus Ostrau
Tel.: (03 46 00) 2 04 27

Sehenswürdigkeiten in der Umgebung

Petersberg mit der Stiftskirche und dem Kloster St. Peter, dem Bismarckturm, der Klosterruine und dem Heimatmuseum, Krosigk mit der Bockwindmühle und dem Burghof, Zörbig mit dem Schloss, dem Gut Mößlitz und der Stadtkirche St. Mauritius

Urige Baumgestalten

Winterimpressionen

den „Goethe-Weg" und den „Pfad der Ferne". Dieser letzte Pfad endet abrupt an der Mauer am Schlossgraben und lenkt den Blick so in eine metaphysische Ferne. Er erinnert an den Sinologen Richard Wilhelm. Ihm zu Ehren ließ von Veltheim ein Denkmal mit Buddha und einem Spruch von Laotse errichten.

Nach der Enteignung (1945) beherbergte das Schloss verschiedene Bildungseinrichtungen, darunter bis dato die Grundschule. Ein engagierter Förderverein unterstützt heute die Sanierungen, sodass den Besucher ein romantisch-verwunschener Landschaftspark mit von Efeu umrankten Bäumen an Teichen und Wasserläufen erwartet. Sumpfzypressen bilden mit ihren Luftwurzeln Naturskulpturen am Wasser. Ganz besonders ist auch die Winterlingsblüte im zeitigen Frühjahr, wenn sich ein gelber Teppich unter die noch kahlen Bäume breitet. Ein weiterer Blickfang ist der nahe am Schloss gelegene Sonnenpavillon.

Parkwiese mit Schneeglöckchen

Parkansicht

Winterlinge sind frühe Bienennahrung.

Halle (Saale)
Reichardts Garten

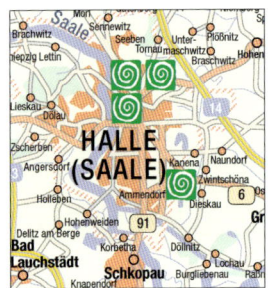

Wegen seiner Lage zwischen Zoologischem Garten und Solbad Wittekind, Amtsgarten mit Burg Giebichenstein und angrenzenden historischen Villenbauten in den Hangzonen des Römerberges ist Reichardts Garten wichtiger Bestandteil eines historisch geprägten Stadtteils und bedeutsamer innerstädtischer Naherholungsbereich.

Schöpfer und Gestalter der ursprünglichen Gartenanlagen war Johann Friedrich Reichardt, königlich-preußischer Kapellmeister unter Friedrich II., Komponist und Musikschriftsteller. Im Jahre 1794 erwarb er im Ort Giebichenstein das „Kästnersche Gut" mit umliegendem Gelände. An das Wohngebäude des Gehöftes schloss sich ein geräumiger Seitenflügel mit Gartensaal an, wo sich in den folgenden Jahren das „Giebichensteiner Dichterparadies" mit all seiner Geselligkeit entwickelte. Es war Treffpunkt so berühmter Männer wie Johann Wolfgang von Goethe, Ludwig Tieck, Achim von Arnim, Clemens Brentano, Wilhelm Grimm, Novalis, Jean Paul oder Prinz Louis Ferdinand von Preußen. Den Garten gestaltete Reichardt zwischen 1794 und 1814 künstlerisch und gärtnerisch nach seinen eigenen Vorstellungen. Bezeichnend für seine Gestaltung war eine Vorliebe für den zu jener Zeit neuen englischen Landschaftsgartenstil.

Der Garten selbst war in einen Tal- und einen Berggarten unterteilt. Während der Talgarten mit seinen Wiesen und Baumgruppen hell gestaltet war, stand der eher dunkle Berggarten mit vielen einheimischen und fremdländischen Gehölzen dazu im Kontrast. Nach dem Tod Reichardts wurde das Anwesen zunächst 1817 an den Sohn des Amtmanns Bartels verkauft, bevor es 1824 der Justizrat Schmelzer erwarb, der den Park weiter ausbaute („Schmelzers Garten").

Von 1844 bis 1902 übernahm der preußische Domänenfiskus den Besitz. In dieser Zeit wurde das Areal als erweitertes Kurparkgelände des nahegelegenen Kurbades Wittekind genutzt. 1902 erwarb die Stadt Halle das Gelände mit der Absicht, einen öffentlichen Park einzurichten, den sogenannten Bürgerpark. Im folgenden Jahr fiel das Wohnhaus Reichardts dem Straßenausbau zum Opfer. Im Park wurde ein Kinderspielplatz eingerichtet, zusätzliche Wege und Pflanzungen veränderten das ursprüngliche Erscheinungsbild. Über die entstandene schmale Grünverbindung ist der Park heute im Westen mit dem Bartholomäusfriedhof verbunden.

Im Laufe seiner Entwicklung vom Privatgarten zum öffentlichen Park erlebte die Anlage vielfältige Veränderungen. Die gut gepflegten Parkanlagen weisen zwar noch einen

Stele zu Ehren Reichardts

Markante Bäume sind typisch für den Garten.

oben: Am Parkeingang

überwiegend landschaftlichen Charakter auf, Wegenetz und Gehölzgruppierungen entsprechen aber in ihrem Charakter eher dem Gestaltungskonzept des „Bürgerparks" aus der Zeit nach 1900 mit markanten Einzelbäumen und dendrologischen Besonderheiten wie Französischem Ahorn, Trompetenbaum und Urwelt-Mammutbaum. Als Verweise auf den Schöpfer der Parkanlage und die „Herberge der Romantik" wurden im Park an sechs verschiedenen Standorten „Erinnerungsmale" aufgestellt. Dies sind die Reichardt-Büste (Bronze), der Goethe-Gedenkstein, der Nachtigallen- oder Philomelenstein, die Goethebank und zwei Spruchsteine.

Im Rahmen des Projektes Gartenträume wurde der Reichardts Garten nach historischen Plänen saniert und umgestaltet. Dabei erhielt der Park einen neuen Zugang von der Friedenstraße mit baumüberstandener Aussichtsplattform. Der ehemalige intime Gartencharakter wurde durch eine Einfriedung zur Seebener Straße hervorgehoben, man tritt wie über eine Schwelle in den Garten. Ein Spielplatz mit stilisiertem Füllhorn als Anklang an die Romantik ist seit 2007 attraktiver Kletterpunkt für Kinder.

Das Kletterfüllhorn

- A Bartholomäuskirche
- B Reichardts Grab
- C Spruchstein
- D Aussichtspunkt
- E Historisches Straßenbahndepot
- F Goethe-Bank
- G „Philomelen-Stein"
- H Reichardt-Stele
- I Goethe-Stele
- J Spruchstein
- K Aussichtsplatz mit Steintisch
- L Solbad Wittekind
- M Bergzoo
- N Immergrüner Garten
- O Objekt 5

Reichardts Garten

Anschrift
Seebener Straße
06114 Halle (Saale)

Eigentümer
Stadt Halle (Saale)

Öffnungszeiten
Park ganzjährig frei zugänglich

Anreise mit ÖPNV
Ab Halle Hbf. mit der Straßenbahn bis Reichardts Garten

Anreise mit PKW
A 9 (Abfahrt Halle), B 100 bis Halle, Richtung Zoo bis Giebichenstein, nur begrenzte Parkmöglichkeiten

Führungen
Regelmäßige öffentliche Rundgänge, wie „Silhouetten der Nacht – Der Giebichenstein im Fackelschein"

Ausstellungen
f2 – halle für kunst, Fährstraße 2, Kunstverein „Talstraße" e. V., Talstraße 23
06120 Halle (Saale)

Informationen
Hinweistafeln am Park und www.halle.de/de/Kultur-Tourismus/Sehenswertes/Gruenes-Halle-entdecken/Reichardts-Garten/

Gastronomie/Angebote
Mehrere Gaststätten und Pensionen innerhalb der Ortslage Giebichenstein und in den südlich angrenzenden Stadtgebieten von Halle

Sehenswürdigkeiten in der Umgebung
Burganlage Giebichenstein mit Burggarten, Klausberge mit Jahnhöhle und Eichendorffbank, Reichardts Grab auf dem Bartholomäusfriedhof, Zoologischer Garten

Halle (Saale)

Halle (Saale)

Amtsgarten an der Saale

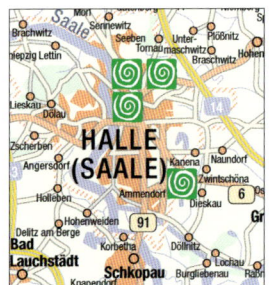

rechts: Burg Giebichenstein mit Amtsgarten

Üppige Tulpenblüte in den Themengärten

Der an der Saale gelegene ehemalige Barockgarten im Umfeld der Burg Giebichenstein wurde im Laufe der Zeit mehrmals umgestaltet und weist heute sowohl formale als auch landschaftlich gestaltete Parkpartien auf. Erste Gartengestaltungen im Bereich des späteren Amtsgartens reichen bis ins 17. Jahrhundert zurück. Die eigentliche Anlage des Amtsgartens als prächtiger Barockgarten jedoch erfolgte in den Jahren nach 1740 durch den Amtmann Johann Christoph Ochs von Ochsenstein.

Der neu gestaltete Garten umfasste den gesamten Bereich zwischen dem Burggraben der Burg Giebichenstein im Südwesten und dem Klausberg im Nordosten einschließlich Saaleufer und Römerberg. Der untere Park war streng orthogonal durch Wegeachsen und Alleen gegliedert und mit Springbrunnen ausgestattet, die terrassierten Hangpartien um den Römerberg waren mit seltenen Gehölzen bepflanzt.

Nach Überschwemmungen und Zerstörungen großer Parkteile durch die Saale erfolgte nach 1773 durch den Amtmann Heinrich Bartels und seinen Sohn Ludwig eine grundlegende Überarbeitung und Neugestaltung der Gartenanlagen im landschaftlichen Stil. Zu dieser Zeit geschaffene Anlagen wie die von Wörlitz und der Garten Goethes in Weimar dienten als gestalterische Vorbilder. Es entstanden Teichanlagen,

- **A** Oberburg Giebichenstein
- **B** Bergfried
- **C** Burg Giebichenstein Kunsthochschule Halle
- **D** Burggarten
- **E** Burggraben
- **F** Terrassengärten/Themengärten
- **G** „Blauer Garten"
- **H** Aussichtspunkt Römerberg
- **I** Spielplastik
- **J** Saalepromenade
- **K** Objekt 5

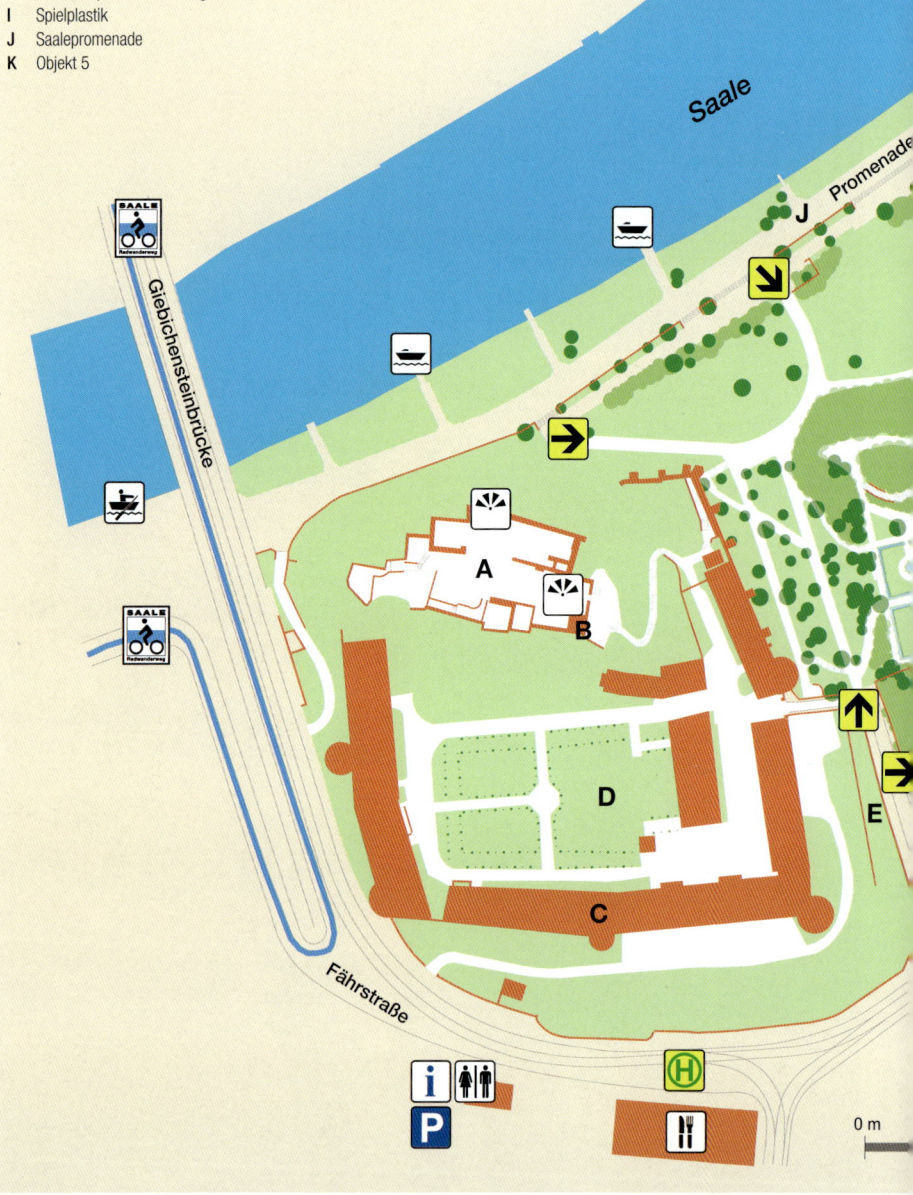

AMTSGARTEN AN DER SAALE

Anschrift
Seebener Straße
06114 Halle (Saale)

Eigentümer
Stadt Halle (Saale)

Öffnungszeiten
Ganzjährig frei zugänglich

Anreise mit ÖPNV
Ab Halle Hbf. mit der Straßenbahn bis Burg Giebichenstein

Anreise mit PKW
A 9 (Abfahrt Halle), B 100 bis Halle, Dessauer Straße in Richtung Zoo bis Burg Giebichenstein, Seebener Straße, begrenzte Parkmöglichkeiten vorhanden

Führungen
Regelmäßige öffentliche Rundgänge, wie „Silhouetten der Nacht – Der Giebichenstein im Fackelschein"

Ausstellungen
Ausstellungen der Hochschule für Kunst und Design Burg Giebichenstein (www.burg-halle.de)
f2 – halle für kunst, Fährstraße 2, Kunstverein „Talstraße" e. V., Talstraße 23
06120 Halle (Saale)

Veranstaltungen
Jahresausstellung der Kunsthochschule Burg Giebichenstein im Juli, Laternenfest am letzten Augustwochenende

Informationen
Hinweistafeln am Park und www.halle.de/de/Kultur-Tourismus/Sehenswertes/Gruenes-Halle-entdecken/Reichardts-Garten/

Gastronomie/Angebote
Innerhalb der Ortslage Giebichenstein Gaststätten und Pensionen

Sehenswürdigkeiten in der Umgebung
Burganlage Giebichenstein mit Burggarten, Klausberge mit Jahnhöhle und Eichendorffbank, Reichardts Garten und Reichardts Grab, Zoologischer Garten

Halle (Saale)

In den Themengärten

Das stählerne Pferd erinnert an eine alte Sage.

Geruhsame Spaziergänge in blühenden Refugien

Grotten und verschwiegene Plätze. Das romantisch-landschaftliche Erscheinungsbild der Parkanlage verband sich harmonisch mit dem benachbarten Reichardts Garten. In der weiteren Entwicklung wurde der obere Teil der Parkanlage im 19. Jahrhundert für den Gemüseanbau genutzt. Es wurden Warmbeete zwischen den Bruchsteinmauern angelegt, in denen Gurken, Kürbisse und Frühgemüse gezogen wurden.

Anfang des 20. Jahrhunderts erwarb die Stadt Halle Burg und Park. Die Unterburg wurde ab 1915 Sitz der Kunsthochschule. Eine grundlegende Erneuerung des Amtsgartens setzte zwischen 1907 und 1913 unter der Leitung des damaligen Gartendirektors Emil Berckling ein. Südlich des Römerberges entstanden terrassenförmig angelegte Themengärten: ein Rosengarten, Blumengarten und Bauerngarten mit kleinen Sitz-

plätzen, Rankbögen, Pergolen und Unterständen. Aus dem verfüllten Areal des ehemaligen Schwanenteichs entstand die sogenannte Amtswiese.

Die Themengärten sowie der Aussichtspunkt auf der Bergkuppe, der ebenfalls zu Anfang des 20. Jahrhunderts entstand, wurden wieder hergestellt. Einige wertvolle alte Solitärbäume sind hier zu finden. Neben einem mächtigen Eibenexemplar und mehreren Rosskastanien, Eichen und Ulmen sind auch Besonderheiten wie Ginkgo, Lederhülsenbaum und Schnurbaum erwähnenswert.

Mit dem Themenjahr „Gartenträume" hat der Amtsgarten 2006 neue Impulse erhalten. Ein Parkzugang von der Seebener Straße verbesserte die Verbindung zum Reichardts Garten. Im Park wurde der dritte Terrassengarten, lange nur eine Rasenfläche, wieder nach historischem Vorbild als Blumengarten und, in Reminiszenz an die Romantik, blau blühend angelegt. Hölzerne weiße Pergolen und Parkbänke schmücken wieder die Terrassengärten. Nördlich des Römerberges greift ein stählernes Pferd, Ergebnis eines studentischen Wettbewerbs, als bekletterbare Spielplastik eine historische Sage auf. Demnach gelang einst „Ludwig dem Springer" auf seinem Schimmel mit dem Sprung vom Bergfried die Flucht aus der Haft auf der Burg Giebichenstein. So weidet das stilisierte Pferd auf einer Parkwiese in Erwartung seines Herrn.

Der Amtsgarten mit seiner exponierten Lage am Saaleufer und am Rand der Ortslage von Giebichenstein bildet zusammen mit den sich anschließenden Parkanlagen den landschaftlichen Übergang zur beeindruckenden Saaleaue.

Frühlingsblüte in den Terrassengärten, auch Themengärten genannt

Halle (Saale)

Botanischer Garten

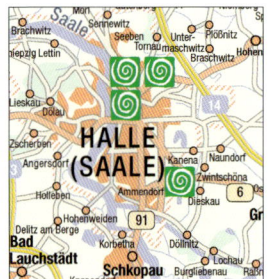

Institut für Geobotanik

Der über 300 Jahre alte Botanische Garten liegt mitten in einer der interessantesten Stadtlandschaften Halles in Hanglage am Ostrand der Saaleaue. Er ist einer der alten Universitätsgärten des 17. Jahrhunderts, die meist als „Hortus medicus", also als Arzneipflanzengarten, angelegt wurden. Den Medizinstudenten sollten Kenntnisse über Arzneipflanzen vermittelt werden. Die Botanik als eigenständige Wissenschaft gab es zu dieser Zeit noch nicht.

So bekam 1698 die Medizinische Fakultät vier Jahre nach Gründung der Universität einen kleinen Bereich des kurfürstlichen Gartens nördlich der Moritzburg geschenkt. Dem zweiten Professor der Medizin, Georg Ernst Stahl (1659–1734), wurde die Verantwortung für den Garten übertragen. Am 12. Dezember 1699 wurde der Gärtner Johann Christian Kersten „in Eyd und Pflicht genommen." Der etwa 3000 qm große Arzneipflanzengarten war in verschiedene Quartiere eingeteilt, durch Buchsbaumhecken eingefasst und von einer Lehmmauer umgeben.

Einen großen Aufschwung erfuhr der bis dahin unterfinanzierte Garten ab 1766 unter der Aufsicht von Philipp Caspar Junghans. Gleichzeitig entwickelte er sich zu einem botanischen Garten mit zunehmendem Bestand nichtoffizineller Pflanzen aus verschiedenen Klimabereichen der Erde. Dem Universitätskanzler Carl Christoph von Hoffmann (1735–1801) gelang es 1787 zudem, das gesamte Gelände des kurfürstlichen Gartens käuflich zu erwerben und damit den Botanischen Garten entscheidend zu vergrößern. 1788 konnten so die ersten beiden Gewächshäuser und die Sternwarte (Observatorium) errichtet werden. Die Planung zu Letzterer stammte vom Erbauer des Brandenburger Tores in Berlin, dem Architekten Carl Gotthard Langhans (1732–1808).

Der Nachfolger von Junghans, Kurt Sprengel, förderte die Zusammenarbeit und den Austausch mit anderen Botanischen Gärten. Dies fuhrte zur starken Zunahme des Pflanzenbestandes und der Weiterentwicklung der Gartenanlagen. Das Areal war nun durch das geschwungene Wegesystem in zahlreiche unterschiedlich große Parzellen aufgeteilt. Eine Ausnahme bildete der breite, gerade Hauptweg mit der Alleenpflanzung, die den Haupteingangsbereich mit der Sternwarte verband.

Weitere Veränderungen und Ergänzungen im 19. und frühen 20. Jahrhundert umfassten eine Neuordnung der Pflanzenbestände nach systematischen, pflanzengeografischen und ökologischen Gesichtspunkten unter Diedrich Franz Leonhard von Schlechtendal und seinen Amtsnachfolgern. In diese Zeit fällt auch die Errichtung des großen Tropenhauses (1872/73), des Victoria-Hauses (1902) und weiterer Gewächshäuser (1906). Zahlreiche eindrucksvolle Gehölzexemplare im Arboretum können aus jener Zeit noch heute bewundert werden.

Geruhsame Entspannung ...

... und üppige Flora

HALLE (SAALE)

A	Institut für Geobotanik	K	Immergrünhaus
B	Waldanlage	L	Seerosenteich
C	Moorbeet	M	Victoriahaus
D	Dünen- und Strandflur	N	Wasserpflanzenhaus
E	Alpinum	O	Hochstaudenflur
F	Kalthaus	P	Schottenflur
G	Sukkulenten- und Kakteenhaus	Q	System-Anlage
H	Etesienflur	R	Arboretum
I	Turm	S	Steppenwaldanlage
J	Großes Tropenhaus	T	Steppenanlage

Anschrift

Am Kirchtor 1
06108 Halle (Saale)

Eigentümer

Martin-Luther-Universität Halle–Wittenberg

Öffnungszeiten

April–Oktober
Mo–Fr 14.00–18.00 Uhr
Sa/So 10.00–18.00 Uhr
eintrittspflichtig

Anreise mit ÖPNV

Ab Halle Hbf. mit der Straßenbahn, Haltestelle „Universitätsring"

Anreise mit PKW

A 9 (Abfahrt Halle), B 100 bis Halle, Universitätsring bis Parkplatz an der Moritzburg, Eingang „Am Kirchtor"

Führungen

Gartenführungen nach Vereinbarung

Ausstellungen

www2.biologie.uni-halle.de/bot/boga/

Veranstaltungen

Monatliche Veranstaltungen des Vereins der Freunde des Botanischen Gartens e. V.

Informationen

www2.biologie.uni-halle.de/bot/boga/, verschiedene Gartenführer, Bildbände, Faltblätter, Hinweistafeln und Schaukästen im Garten

Gastronomie/Angebote

Zahlreiche Gaststätten und Pensionen in den südlich und westlich angrenzenden Stadtgebieten von Halle, Verkauf von Publikationen und Ansichtskarten an der Gartenkasse

Sehenswürdigkeiten in der Umgebung

Kunstmuseum Moritzburg, Martin-Luther-Universität mit Kunstsammlungen, archäologischem Museum im Robertinum, Altstadt von Halle, Burg Giebichenstein mit Amtsgarten, Zoologischer Garten

50 m   100 m

Das große Tropenhaus

Eine komplette Neuorientierung erfolgte unter Wilhelm Troll (1897–1978) zwischen 1932 und 1945. Er machte den Garten zu einer Forschungsstätte der Morphologie. Zu den wesentlichsten Veränderungen gehörten die Errichtung einer neuen Systemanlage und die 1936 erbauten Sumpf- und Wasserpflanzenbecken südlich des Großen Tropenhauses.

Während der Kriegsjahre und in der Nachkriegszeit blieb der Botanische Garten wegen umfassender Glasschäden für die Öffentlichkeit gesperrt. Wieder eröffnet wurde er im Juni 1946. In den folgenden Jahrzehnten vollzog sich der schrittweise Wiederaufbau der Gewächshausanlagen. Es entstanden beispielsweise das Sukkulenten-Schauhaus (1962), das Laurophyllenhaus (1968) und das Wasserpflanzenhaus (1970).

Der Botanische Garten Halle ist heute einer der wenigen seiner Art in Deutschland, der in den Jahrhunderten seit seiner Gründung nicht verlegt worden ist. Aus dem kleinen „Hortus medicus" hat sich ein stattlicher Garten von 4,5 Hek-

Exoten und Blütenpracht

tar Größe entwickelt, der über einen Pflanzenbestand von rund 12 000 Arten verfügt. Neben dem Arboretum, dem Alpinum und der Wald- und Felspflanzenanlage ist die Systemanlage im Süden des Gartens besonders erwähnenswert.

Darüber hinaus enthält der Garten u. a. eine Farnanlage, Steppen- und Waldsteppenanlagen, asiatische Hochstauden- und Grasfluren, eine Waldanlage, Teiche und Becken mit Freilandwasser- und Sumpfpflanzen sowie Beete mit winterharten Sukkulenten. Der Botanische Garten gehört daher auf den Reiseplan eines jeden pflanzenliebenden Halle-Besuchers.

Kübelpflanzen fühlen sich im Sommer im Freiland wohl.

Dieskau

Schloss und Schlosspark

Unweit von Halle liegt im Tal der Reide Schloss Dieskau mit seinem Park. Das Gebäude ist eine dreigeschossige Spätrenaissance-Anlage, deren vier Flügel, der nördliche davon nur als Halbflügel, sich um einen rechteckigen Hof gruppieren. Erbaut wurde das Schloss maßgeblich unter Hieronymus von Dieskau (1565–1625). Später kam es zu Überformungen des Barock (18. Jahrhundert) und der Neorenaissance (1878–1900). Nach Norden öffnet sich der Schlosshof zur 1728 errichteten kunstvoll ausgestatteten Barockkirche St. Anna, in deren Gruft ehemals die Schlossbesitzer beigesetzt wurden.

Der Durchgang zwischen Schloss und Kirche bildet den Hauptzugang in den landschaftlich gestalteten Park. Sein Schöpfer war der Kammerdirektor des Prinzen Heinrich von Preußen und Kanzler der Universität Halle Carl Christoph von Hoffmann (1735–1801). Er gelangte 1770 durch Heirat mit Therese Alburg, verwitwete von Lüder, in den Besitz von Dieskau. Ab 1778 begann Hoffmann, das weitgehend sumpfige Terrain im Tal der Reide nach dem Vorbild der gerade neu entstandenen Wörlitzer Anlagen in einen Landschaftspark zu verwandeln. Unterstützung bei diesem Vorhaben erhielt er durch Fürst Franz von Anhalt-Dessau, der den Landschaftsgärtner Johann Georg Gottlieb Schoch (1758–1826) nach Dieskau schickte. In welchem Umfang Schoch den Park

Blick in den Park

Anschrift

Schlossplatz
06184 Kabelsketal OT Dieskau

Eigentümer

Gemeinde Kabelsketal,
Schloss: privat

Öffnungszeiten

Park ganzjährig frei zugänglich,
Schloss zu Führungen geöffnet,
eintrittspflichtig

Anreise mit ÖPNV

S-Bahn Halle–Leipzig, Haltepunkt
Dieskau, Entfernung 2 km oder
weiter mit Stadtbus; auch Bus von
Halle, Haltestelle unweit Schlossplatz

Anreise mit PKW

A 9 (Abfahrt Großkugel), weiter B 6
Richtung Halle bis Abzweig Dieskau,
Parkplatz am Schlossplatz

Fahrrad-/Wanderrouten

Der Park ist in den für Fußgänger
und Radfahrer geeigneten Reide-
Weg einbezogen (von Peißen entlang
der Reide bis nach Osendorf).

Schloss Dieskau mit Flora-Statue

Goldhagen-Obelisk und Chinesische Brücke

geplant hat oder beratend tätig war, ist jedoch nicht überliefert.

Es entstand eine weiträumige, den Geist und Geschmack der Aufklärung widerspiegelnde Anlage, die bereits Zeitgenossen rühmten. Neben mehreren Teichen und Kanälen gehörten verschiedene Parkbauten und Denkmale zur Ausstattung des Landschaftsparks, darunter ein Chinesisches Teehaus, ein otaheitisches Badehaus, eine Mühle, eine Orangerie sowie zahlreiche Freundschafts- und Gedenkurnen. Ein Chinesisches Wasserhaus im Großen Mühlteich war mit einer Fähre im Selbstbetrieb über ein gespanntes Seil zu erreichen, wie dies auch aus dem Wörlitzer Park bekannt ist.

1854 waren Schloss und Park Dieskau in den Besitz der Familie von Bülow übergegangen. Zwar legten auch sie Wert auf die Pflege des Parks, ihr Hauptinteresse galt aber der Landwirtschaft. Nach der Enteignung der Familie (1945) wurde der Landschaftspark der Verwilderung überlassen. Dichter Gehölzaufwuchs ließ die Sichtachsen verschwinden, die Teiche und Kanäle verlandeten, die Baulichkeiten im Park

verfielen und wurden abgerissen, so das Chinesische Teehaus (1950) oder die Mühle (1977).

Mit der Gründung des Fördervereins Park Dieskau e. V. im Jahr 1999 und unterstützt durch das Projekt „Gartenträume" begann nach Jahrzehnten weitgehender Verwilderung um die Jahrtausendwende ein neuer Abschnitt der Parkgeschichte. Die Gemeinde Kabelsketal, zu der auch Dieskau gehört, nimmt die schrittweise Wiederherstellung des Parks in Angriff. Der Förderverein beteiligt sich tatkräftig an der Fördermittelbeschaffung und Parkunterhaltung, übernimmt die Öffentlichkeitsarbeit und betreut die Errichtung und Restaurierung von Denkmälern im Park. Gemeinsam konnten bereits der pleasure ground, das Wege- und Wassersystem und der lyrische Baumkreis erneuert werden. Parallel dazu erfolgte die Wiederaufstellung oder Neuschöpfung verlorener Denkmäler, wie des Hoffmann-Denkmals, der Meier-Urne und der Teschener Friedenssäule sowie der Figuren der Flora, des Amor und des Apollo. Das Chinesische Teehaus bereichert den Park seit 2014 als metallkünstlerische Nachbildung.

Das nachgebildete Chinesische Teehaus und die Flora-Statue

Wasser ist ein prägendes Element im Park.

Führungen
Parkführungen April–September
So 14.00 Uhr
Termine auf www.park-dieskau.de
Sonderführungen nach Voranmeldung
Tel.: (03 45) 5 22 61 57

Ausstellungen
Parkerlebnispfad mit Installationen

Veranstaltungen
Konzertreihe „Dieskauer Musiksommer" in der St.-Annen-Kirche:
So 16.00 Uhr (Juni–September),
Freilichtkino im Schlosshof, Theater

Informationen
www.dieskau.de
www.park-dieskau.de
Faltblatt mit Übersichtsplan, Broschüren zu Schloss, Park und Kirche Dieskau

Gastronomie/Angebote
Schlossrestaurant
Tel.: (03 45) 6 83 06 83
Haus am Park
Tel.: (03 45) 5 80 05 66
zwei Hotels im Ort

Sehenswürdigkeiten in der Umgebung
Städte Halle und Merseburg mit zahlreichen Sehenswürdigkeiten, Osendorfer See mit Regattastrecke

Bad Lauchstädt

Historische Kuranlagen und Goethe-Theater

Blick zum Kursaal

Am Westrand der Altstadt von Bad Lauchstädt erstrecken sich die Kuranlagen im fast ebenen Tal der Laucha. Die spätbarocke, in den 1960er Jahren rekonstruierte historische Kuranlage, die in einen landschaftlich gestalteten Park übergeht, umfasst auch das bekannte, 1802 eröffnete Goethe-Theater. Für jeden Goethe- und Gartenbegeisterten sind damit die Anlagen ein Muss.

Die Heilquelle in Bad Lauchstädt wurde um 1700 vom halleschen Professor und Mediziner Friedrich Hoffmann entdeckt und 1710 auf Befehl der Herzogin Erdmuthe Dorothea von Sachsen-Merseburg gefasst. Es folgten der Bau eines größeren Assemblé-Hauses sowie die Errichtung eines Spiel- und Unterhaltungszwecken dienenden Herzogspavillons (1735), der 1776 an seinen heutigen Standort versetzt wurde. Lauchstädt avancierte im 18. Jahrhundert zum Modebad für den kursächsischen und thüringischen Adel, für reiche Bürger und Gelehrte aus den umliegenden Städten, so aus Halle und Leipzig.

Als der Dresdner kurfürstliche Hof ab 1775 mehrfach seine Sommerresidenz nach Bad Lauchstädt verlegte, genügten die bescheidenen Anlagen den Ansprüchen des Hofes nicht mehr und der Merseburger Stiftsbaumeister Johann

Wilhelm Chryselius (1744–1793) erhielt 1776 den Auftrag zur Erweiterung und Neugestaltung der Kuranlagen. Auf kleinem Raum entstand in spätbarocker Manier eine architektonisch und gartenkünstlerisch reizvolle Kuranlage. Auch das Schloss wurde 1775–1780 neu gestaltet und mit den früheren trockengelegten Wassergräben in die gärtnerische Gestaltung der Kuranlagen einbezogen. Der Brunnen bildet damals wie heute den Mittelpunkt des architektonischen Ensembles. Er wird von einer aus dem Jahre 1777 stammenden Balustrade begrenzt, die mit barocken Putti (heute sämtlich Kopien) geschmückt ist. Ihn flankieren der Quell- und Duschpavillon. Hinter dem Brunnen erhebt sich der 1780 vollendete Kursaal. Östlich davon, an der Laucha, befinden sich die 1787 fertiggestellten Kolonnaden.

Ab 1791 erhielt Bad Lauchstädt zwei Jahrzehnte lang zusätzlichen Aufschwung, als hier im Sommer die Weimarer Hofschauspielergesellschaft unter Goethes Leitung spielte. Sie erhielt 1802 ihre neue Spielstätte mit dem westlich des Schlosses unter der Leitung von Goethe und nach Plänen von Heinrich Gentz (1766–1811) erbauten Theater. 1814 aber trat die Weimarer Schauspielergesellschaft zum letzten Mal in Lauchstädt auf.

Nach dem Wiener Kongress beabsichtigte der Weimarer Großherzog Carl August, das Theater abzureißen, verkaufte

Kolonnaden

Villa im Kurpark

A	Schloss mit Garten
B	Goethe-Theater
C	Schlossgraben, Küchengarten
D	Evangelische Stadtpfarrkirche
E	Teichgarten
F	Teichpavillon mit Christiane Vulpius-Büste
G	Parkteich
H	Kolonnaden mit Verkaufsständen
I	Quellpavillon, Besucherzentrum
J	Badepavillon
K	Promenade
L	Brunnen
M	Schiller-Gedenkstein
N	Kursaal
O	Badehaus
P	Parkvilla
Q	Herzogspavillon
R	Bach Laucha
S	Ehemalige Bad Lauchstädter Heil- und Mineralbrunnen GmbH

Anschrift
Parkstraße 18
06246 Goethestadt Bad Lauchstädt

Eigentümer
Land Sachsen-Anhalt

Öffnungszeiten
Ganzjährig frei zugänglich

Anreise mit ÖPNV
Bus ab Merseburg, Querfurt oder Halle (Saale) bis Station „Lindenstraße" oder „Markt"

Anreise mit PKW
A 38 (Abfahrt Bad Lauchstädt-Ost), Parkplatz Freibad/Kurpark ausgeschildert

Führungen
April–Oktober
Di–So 10.30, 14.30, 16.00 Uhr und nach Voranmeldung
November–März
täglich nach Voranmeldung
min. 5 Personen oder 20,00 €
Tel.: (03 46 35) 7 82 28
museum@goethe-theater.com

Ausstellungen
Zur Geschichte der Bad Lauchstädter Badekultur und zur Entwicklung des Theaters im Duschpavillon und im Neuen Schillerhaus, Sonderausstellungen im Herzog-Pavillon

Veranstaltungen
Oper, Schauspiel, Konzerte, Aufführungen der Händelfestspiele Halle im Goethe-Theater, Festspiel der deutschen Sprache

Informationen
Besucherzentrum
Tel.: (03 46 35) 90 54 72
www.goethe-theater.com

Gastronomie/Angebote
„Lauchstedter Gaststuben"
info@lauchstedter-gaststuben.de
Gästezimmer im Kurpark
(buchbar im Besucherzentrum)

Sehenswürdigkeiten in der Umgebung
Merseburg mit Dom, Schlossensemble und Schlosspark, Halle mit Dom, Parkanlagen und Moritzburg, Burg in Querfurt, Schloss und Marktplatz in Weißenfels

Christiane Vulpius-Büste

Herzogspavillon

Das Goethe-Theater – es lohnt sich, bei einer Führung den Blick hinter die Kulissen zu werfen.

es dann aber an den preußischen Staat. Als „Königliches Schauspielhaus" konnte es ebenso wenig an seine frühere Bedeutung anknüpfen wie die Kuranlagen. Daran änderte auch die Tatsache nichts, dass Richard Wagner hier 1834 seine Laufbahn als Dirigent begann.

1900 wurde das Theater baupolizeilich gesperrt und ein Abbruch der gesamten Anlage erwogen. Durch das Engagement eines Bankiers aus Halle konnte das Theater jedoch gerettet werden, den Park pflegte die Provinzialverwaltung mit minimalem Aufwand. Der Kurbetrieb wurde 1941 gänzlich eingestellt.

Sowohl das Theater als auch die Kuranlagen überstanden unbeschadet den Zweiten Weltkrieg. Schon bald begannen umfangreiche Rekonstruktionsarbeiten auf Grundlage der spätbarocken Pläne von Chryselius, sodass die wieder hergestellten Kuranlagen und das Goethe-Theater 1968 der Öffentlichkeit übergeben werden konnten.

Das heutige Erscheinungsbild ist von den Rekonstruktionen der 1960er Jahre geprägt. Die in Reihen vor den Kolonnaden gepflanzten Rosskastanien werden jährlich im Frühjahr in „Bienenkorbform" geschnitten. Der übrige lang gestreckte Parkteil entlang der Laucha ist landschaftlich gestaltet, erhält seinen Charakter durch den alten Baumbestand und lädt zum Spazierengehen ein.

Putto am Brunnen

Der Brunnen

Merseburg
Dom, Schloss und Schlossgarten an der Saale

Anschrift
Oberaltenburg
06217 Merseburg

Eigentümer
Stadt Merseburg

Öffnungszeiten
Park ganzjährig frei zugänglich
Dom März–Oktober
Mo–Sa 9.00–18.00 Uhr
So 12.00–18.00
November–Februar
Mo–Sa 10.00–16.00 Uhr
So 12.00–16.00 Uhr
Museum März–Oktober
täglich 9.00–18.00 Uhr
November–Februar
täglich 10.00–16.00 Uhr
Dom und Museum eintrittspflichtig

Anreise mit ÖPNV
Bhf. Merseburg

Anreise mit PKW
B 91 Halle-Weißenfels in das Zentrum von Merseburg, Dom und Schloss in der Stadt ausgeschildert, Parkplatz am Schlossgarten, Parkplatz Hälterstraße (Nähe Schlossgarten), Parkplatz Georgstraße

Fahrrad-/Wanderrouten
Saale-Radwanderweg führt vorbei an Dom, Schloss und Schlossgarten

Oberhalb der Stadt Merseburg, auf der sogenannten Altenburg gelegen, thront die turm- und giebelreiche Baugruppe von Dom und Schloss. Davor, getrennt durch den Schlossgraben, breitet sich auf ebenem Terrain der Schlossgarten aus. Am Ostrand des Gartens eröffnet sich vom Aussichtspunkt der Blick in das Tal der Saale mit breitem Wehr. Hier fällt das Gelände um gut 15 Meter zum Uferweg entlang des Flusses ab.

Der Dom St. Johannes und Laurentius wurde 1015–1021 unter König Heinrich II. als frühromanischer Kirchenbau errichtet. Um- und Neubauten veränderten das Bauwerk. Sein heutiges Aussehen erhielt der Dom weitgehend Anfang des 16. Jahrhunderts unter Bischof Tilo von Trotha (1466–1514). Das Schloss entstand 1483–1665 anstelle der von Heinrich I. erbauten Pfalz als große regelmäßige Dreiflügelanlage der Spätrenaissance. In streng formaler Gestaltung wurde ab 1661 auf dem Gelände des alten Wirtschaftshofes ein ba-

Blick über die Saale auf das Schloss- und Domensemble

Blick zum Schlossgarten-Salon

Der Merseburger Rabe erinnert an eine Sage.

rocker Lustgarten angelegt und im 18. Jahrhundert von dem von Johann Michael Hoppenhaupt errichteten Schlossgarten-Salon (1727–1737) gefasst.

Eine landschaftliche Umgestaltung erfuhr der Schlosspark in den Jahren 1824/1825 nach einem leicht abgewandelten Entwurf Peter Joseph Lennés. Der Gartenkünstler bewahrte die seitlichen barocken Kastanienalleen.

Zur Entkernung und zum Umbau des Schlossgarten-Salons kam es im Zuge der Behebung der Kriegsschäden in den Jahren 1948 bis 1953. Ursprünglich hatten ihn zwei symmetrisch angeordnete Orangeriegebäude flankiert. Das westliche wurde bereits 1944 zerstört.

Eine regelmäßige Neugestaltung erfuhr die Parkanlage 1968. Dabei wurden die Längsachsen der Wege auf die Seitenrisalite des Schlossgarten-Salons und die Querachsen auf das Zech'sche Palais (errichtet 1782) und das Ständehaus (errichtet 1892–1895) ausgerichtet. Neben der aus dem 18. Jahrhundert stammenden barocken Kastanienallee, respektive deren Nachpflanzungen, blieben im Schlossgarten einzelne Gehölzgruppen aus der Phase der landschaftlichen Umgestaltung durch Lenné erhalten.

Vom Ende des 17. Jahrhunderts stammen zwei Obeliskenpaare, die an den Gründer der Anlage, Herzog Christian I.,

und seine Gemahlin Christiane sowie deren Sohn Christian II. und seine Gemahlin Erdmuthe Dorothea erinnern. Weiterhin befinden sich im Park eine Kopie der bronzenen Porträtbüste des preußischen Gouverneurs Friedrich Kleist v. Nollendorf von Christian Daniel Rauch (1825) und das 1998 restaurierte Denkmal für Friedrich Wilhelm III. von Louis Tuaillon (1913). Ein 1816 für die Völkerschlacht von Leipzig geschaffenes Denkmal vom ehemaligen Flughafengelände fand in den 1950er Jahren einen neuen Platz im Schlossgarten.

Direkt neben dem Schlossgraben in der Südostecke des Gartens liegt eine der ursprünglich sechs Bastionen des äußeren Mauerrings. Hier wurde in der ersten Hälfte des 17. Jahrhunderts ein Teehaus über den alten Mauerfundamenten errichtet. Heute beherbergt diese „Dicker Heinrich" genannte Bastion eine ornithologische Ausstellung.

Führungen
Nach Voranmeldung über die Tourist-Information Merseburg Tel.: (0 34 61) 21 41 70
Gruppenführungen gegen Entgelt

Ausstellungen
Kulturhistorisches Museum im Ostflügel des Schlosses, ornithologische Ausstellung im „Dicken Heinrich", Willi-Sitte-Galerie, Kunststiftung ben zi bena Merseburg e. V.

Veranstaltungen
Im Dom Merseburger DomMusik Mai–Dezember und Merseburger Orgeltage (Sept.), jährliches Merseburger Schlossfest mit einem historischen Festumzug (Mitte Juni), Internationale Schlossgrabenkonzerte Juni–August, Schlossgarten-Salon als Kultur- und Tagungsstätte nutzbar, beliebt wegen seiner repräsentativen Kulisse als Veranstaltungsort für Hochzeitsfeiern, Wasserwandern auf der Saale

Informationen
Informationstafeln zur Geschichte des Gartens

Gastronomie/Angebote
Radisson Blu Hotel Halle-Merseburg, Restaurant und Café benzi bena Merseburg direkt am Schlossgarten

Sehenswürdigkeiten in der Umgebung
Schlossgarten mit wunderschönem Rundblick über die Stadt, Neumarktkirche St. Thomae (Straße der Romanik), Schiffsanlegestellen für Sportboote und Fahrgastschifffahrt, Dom St. Johannes baptistae et Laurentii, Kapitelhaus, Skulpturenpark „Lebensträume"

Weitere Informationen
Tourist-Information Merseburg
Burgstraße 5
06217 Merseburg
info@merseburg-tourist.de
www.merseburg.de

Obeliskenpaar (oben)

Schloss

Burgscheidungen
Schloss und Schlosspark an der Unstrut

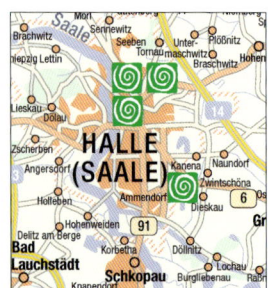

Anschrift
Schlossbergstraße 56
06636 Laucha OT Burgscheidungen

Eigentümer
Privat

Öffnungszeiten
Park ganzjährig frei zugänglich
Schloss zu Führungen und bei Veranstaltungen geöffnet

Anreise mit ÖPNV
Bhf. Kirchscheidungen oder ab Naumburg mit dem Bus

Anreise mit PKW
A 9 (Abfahrt Weißenfels), weiter B 87/B 176 bis Laucha, Abzweig Richtung Burgscheidungen, Parkplatz im Ort

Fahrrad-/Wanderrouten
Verschiedene Wanderwege z. B. nach Bad Bibra, Burgscheidungen liegt am Unstrut-Radwanderweg, Schiffs-Sonderfahrten ab Dampferanlegestelle unterhalb Schlossberg nach Vereinbarung
Tel.: (0 34 45) 20 28 30,
Blaues Band Sachsen-Anhalt

Führungen
April–September Sa/So 14.00 Uhr

weitere Informationen
Tel.: (0 18 05) 37 28 36
www.schloss-burgscheidungen.de

Die Landschaft beherrschend erhebt sich über dem Tal der Unstrut das Schloss Burgscheidungen. Zu Beginn des 18. Jahrhunderts lebte hier für kurze Zeit die Gräfin von Cosel (1680–1765), spätere Mätresse Augusts des Starken, war sie doch mit dem damaligen Besitzer des Schlosses, Magnus von Hoym (1668–1723), verheiratet.

Die heutige Gestalt des Schlosses prägten jedoch insbesondere die nachfolgenden Jahre. 1722 erwarb der Generalfeldzeugmeister des Königs von Sardinien, Freiherr Levin von der Schulenburg, das Schloss. Er beauftragte 1723 den sächsischen Landbaumeister David Schatz mit dem Neubau des Schlosses und der Anlage eines Gartens. Von dem vierflügelig geplanten barocken Neubau wurden nur der Ost- und der Nordflügel ausgeführt, Süd- und Westflügel blieben aus der Renaissancezeit erhalten. Vor den beiden Renaissanceflügeln lag der als Terrassenparterre gestaltete giardino secreto.

Beeindruckend ist der vor der Nordseite des Schlosses abfallenden Hang, der komplett durch Erdterrassen und hangquerende Rampenwege gegliedert ist. Eine solche Gestaltung ist ein altes Motiv italienischer Gärten. Im Hang öffnet sich eine dreibogige Grotte nach dem Entwurf von Schatz zum Garten. Seitlich der Bögen waren vier Tondi angebracht, die auf Delphinen reitende Putten darstellten. Als berühmtes Vorbild bei der Fassadengliederung diente die Thetisgrotte in Versailles, die um 1660 unter Ludwig XIV. erbaut worden war. Die reiche Ausstattung der Grotte verschwand jedoch bereits 1831, weil der Raum als Gruft genutzt wurde.

Die Rasenböschungen des Hangs wurden mit elf großen Figuren geschmückt, die, vom Altenburger Bildhauer Joseph

Das Schloss an der Unstrut

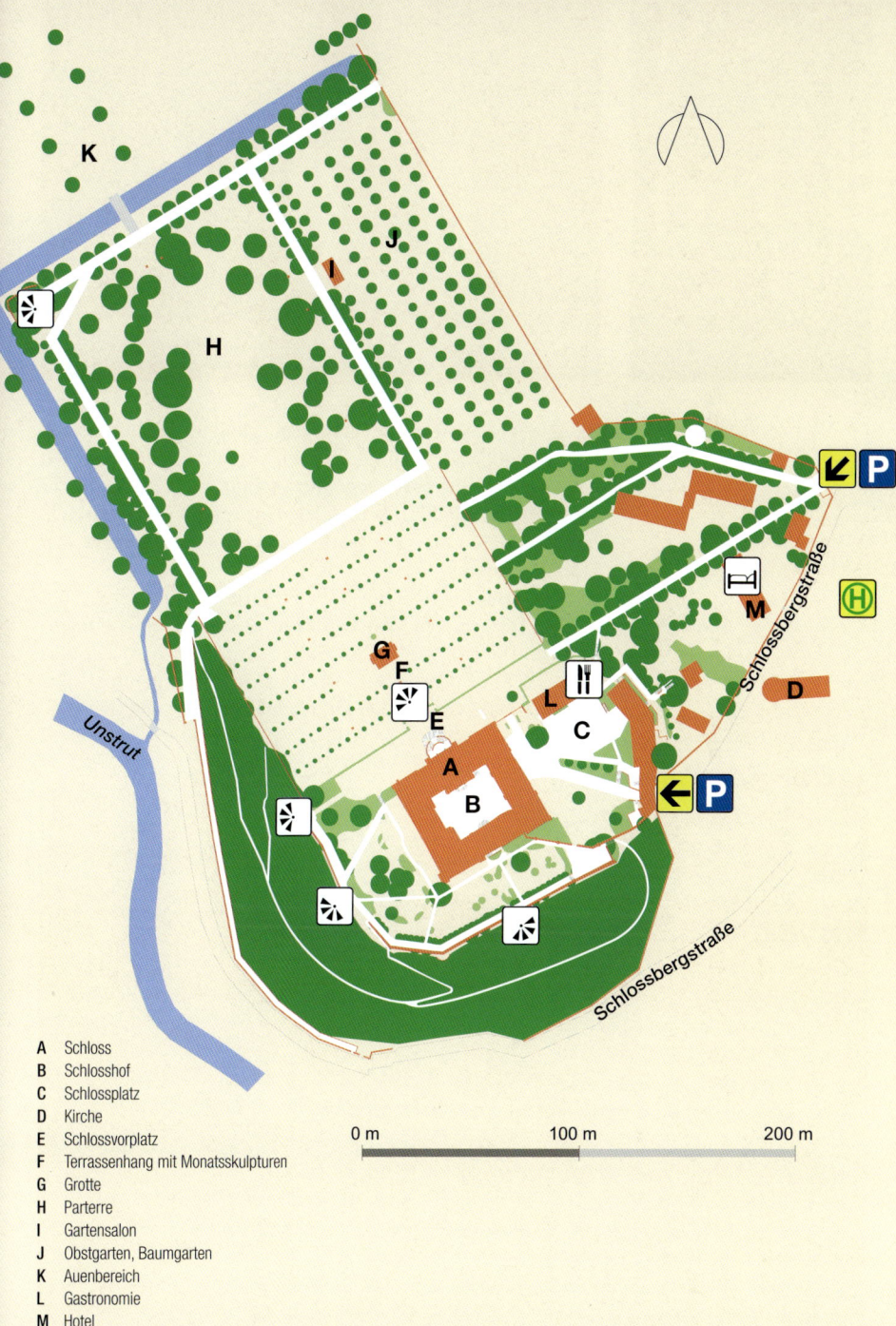

Die Mitte der Hauptfassade mit der bewegten Garten-Freitreppe und den Kopf-Skulpturen bildet den Zentralpunkt der barocken Anlage. Hier verschmelzen Garten und Schlossbau.

Der Festsaal des Schlosses

Schloss mit Terrassenhang

Blühme geschaffen, die einzelnen Monate symbolisierten. Von diesen Figuren sind noch zehn vorhanden und bedürfen einer denkmalpflegerischen Überarbeitung. Gleiches gilt für die vier barocken Plastiken antiker Götter im unteren Parkteil, die erst 1955 aus dem Garten von Friedrichstanneck bei Eisenberg hierher versetzt wurden.

Dem Hang folgte im Tal ein formaler Lustgarten mit Alleen, Hecken und Wassergräben, Bosketten und Blumenstücken. Die Längsachse des Gartens wurde in barocker Manier als Allee in die Aue der Unstrut weitergeführt. Eine Querachse des Gartens lief auf ein kleines Lusthaus, den Gartensalon.

Gartenblicke

Der Wandel in der Gartenkunst ließ auch den barocken Schlosspark nicht unberührt und führte Ende des 18. Jahrhunderts zu Umgestaltungen. Der barocke Lustgarten im Tal wurde dabei in einen Landschaftspark englischen Stils verwandelt. Auch die späteren Jahrhunderte hinterließen ihre Spuren. Seit 2008 ist das Schloss nach wechselvoller Geschichte wieder in privaten Händen und wird Zug um Zug saniert.

Schloss und Park bilden heute ein imposantes Ensemble oberhalb des Ortes. Von den Schlossterrassen ergeben sich über einen fliederbestandenen Hang hinweg ungestörte Ausblicke in das Tal der Unstrut. Der tiefer liegende landschaftlich überformte frühere Lustgarten zeigt heute zwar nur noch wenige Elemente seiner ursprünglich barocken Prägung, weist aber einen alten Baumbestand auf. Besonders unter den Linden der umlaufenden barocken Alleen befinden sich einige beeindruckende Altbäume.

Gastronomie/Angebote
Café-Restaurant „Gräfin Cosel"
mit Biergarten,
Heiraten im Schloss
(Standesamt, Feiern)

Sandsteinfiguren des Bildhauers Joseph Blühme

Naumburg

Dom und Domgarten

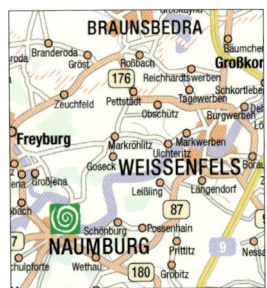

Geborgen hinter den Mauern des Naumburger Doms liegt der Domgarten. Das terrassierte Gartengelände ist Teil des im 11. bis 13. Jahrhundert entstandenen beeindruckenden Domensembles auf dem Areal der mittelalterlichen Domherrenkurien „Levini" und „retro novum chorum".

Auf dem oberen Gartenplateau, über Resten eines früheren Kuriengebäudes, zeigt der „Garten des Naumburger Meisters" seit 2011 in regelmäßigen Beeten die lebendigen Pflanzen, welche die symbolträchtigen, kunstvoll-wirklichkeitsnahen Darstellungen des Naumburger Meisters im Dom um 1250 inspirierten. Beim Gang durch den Dom und insbesondere im Westchor und Westlettner begegnen einem in Stein gehauen Efeu, als Symbol der Treue und des ewigen Lebens, Wermut oder Mariendistel an Kapitellen, Friesen und Schlusssteinen. Im Garten geben informative Erläuterungsstellen Hinweise zu Bedeutung, Heilwirkung und Verwendung der Pflanzen und machen Geschichte lebendig.

Weinterrassen führen auf die darunter liegende Ebene des Zwingergartens. Gerahmt von den oberen und unteren Immunitätsmauern mit der Bastion aus dem 13. Jahrhundert lässt sich hier am besten die spätmittelalterliche Befestigungsanlage nachvollziehen, die dem Domareal Schutz gab. Bei ihrer Sanierung wurde der historische Staudenbewuchs

Der Naumburger Dom mit dem Domgarten

Die Symbolpflanzen werden ausführlich dargestellt.

der Mauern behutsam geborgen, vermehrt und nach Fertigstellung der Arbeiten als Soden wieder auf die Mauerkronen aufgebracht. Hier wachsen, angepasst an ihren Standort, Sedumarten, Zymbelkraut und Mauerfarne wie die Mauerraute neben weiteren Pflanzenarten als weich schützender Mauerabschluss. Ergänzt wird dies durch eine historisch gewachsene blütenreiche Wiese mit Akelei und Hahnenfuß. Der Brunnenplatz und Obstbäume auf den nach unten führenden Mauerstufen deuten auf die gärtnerische Nutzung im 19. Jahrhundert.

Vom Zwingergarten öffnet sich auch der Blick auf den darunter liegenden landschaftlich gestalteten Wandelgarten

Im Wandelgarten geht der Blick über Teiche zum Wohnturm.

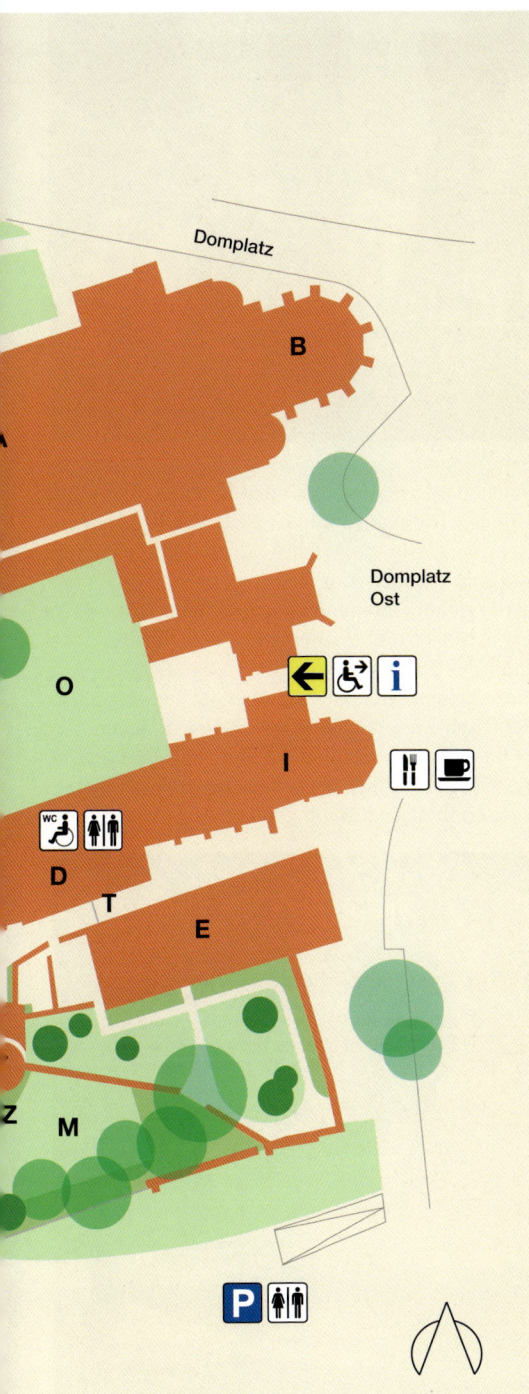

Anschrift
Domplatz 16/17
06618 Naumburg

Eigentümer
Vereinigte Domstifter zu Merseburg und Naumburg und des Kollegiatstifts Zeitz

Öffnungszeiten
Dom und Domgarten:
März–Oktober
Mo–Sa 9.00–18.00 Uhr
So/kirchliche Feiertage
11.00–18.00 Uhr
November–Februar
Mo–Sa 10.00–16.00 Uhr
So/kirchliche Feiertage
12.00–16.00 Uhr

Anreise mit ÖPNV
Hbf. Naumburg, dann zu Fuß oder mit dem Bus

Anreise mit PKW
A 9 (Abfahrt Naumburg), dann B 180, A 4 (Abfahrt Apolda), dann B 87, B 87 aus Leipzig/Weißenfels, B 88 aus Jena, B 180 aus Eisleben/Querfurt bzw. Altenburg/Zeitz

Fahrrad-/Reitrouten
Unstrut-Radweg, Saale-Weinwanderweg, Saale-Radweg

Führungen
Dom täglich, alternativ Audioguide Domgarten auf Anfrage

Ausstellung
„Weg und Werke des Naumburger Meisters"

Veranstaltungen
Kunsthandwerksmärkte, Ausstellungen, Erlebnisführungen, Konzerte, Familien- und Kreativangebote, Ferienaktionen

Informationen
Naumburger Dom
Tel.: (0 34 45) 2 30 11 33
www.naumburger-dom.de

Tourist-Information Naumburg
Markt 6
06618 Naumburg
Tel.: (0 34 45) 27 31 25
www.naumburg.de

Gastronomie/Angebote
Domcafé und Restaurant
Tel.: (0 34 45) 6 99 19 82

Sehenswürdigkeiten in der Umgebung

Naumburg mit historischer Innenstadt und dem Marktplatz, Stadtbefestigungsanlage, Renaissance-Rathaus und Stadtkirche St. Wenzel

Schulpforta mit dem ehemaligen Zisterzienser-Kloster „St. Marien zu Pforte"

Bad Kösen mit der Kösener Spielzeugmanufaktur, dem Museum Romanisches Haus, den Salinetechnischen Anlagen, der Rudelsburg, der Burg Saaleck

Schönburg mit der Burg Schönburg

mit seinen Teichen und imposanten alten Bäumen. In und an den Teichen finden Teichmolch und Grasfrosch einen Lebensraum. Dieser parkartig angelegte Gartenteil entstand 1886/1900 an den damals vom Domgymnasium genutzten Gebäuden als kurienübergreifende Gartenanlage und wurde in Teilen rekonstruiert und wiederhergestellt. Schöne Spazierwege führen bis zum Küchengarten im Nordwesten. Auf dem Weg zum Küchengarten ist, von Hainbuchen umgeben, ein steinerner Tisch zu entdecken, der vielleicht schon aus einer älteren Gartenepoche stammt. Blüten- und Haselsträucher, frühlingsblühende Wildtulpen, Buschwindröschen und Aronstab wachsen in der naturnah gepflegten Anlage. Durch

das Laub lugen pflanzenverzierte modellierte Köpfe, die von Schülern des Domgymnasiums neu geschaffen wurden. Auch in der angrenzenden Kinderdombauhütte werden Schüler in der Tradition der Naumburger Meister an Bildhauerarbeiten und an die Belange des Denkmalschutzes herangeführt.

Den Übergang zum Küchengarten bildet Spalierobst auf einer Trockenmauer. Basierend auf einem Plan von 1908 wurde der Küchengarten neu angelegt. Endpunkt der von Quittenbäumen gerahmten Wegeachse ist die im Jahr 2010 sanierte Tuffsteingrotte aus dem 18. Jahrhundert. Im Rahmen eines Projektes mit Naumburger Schülern wurden unter fachlicher Begleitung Pflanzpläne für den Küchengarten erstellt und die Beete bepflanzt. In den Beeten wachsen heute Kräuter wie Rosmarin, Lavendel, Weinraute, Muskatellersalbei und Minze sowie Gemüse wie Mangold, Erdbeerspinat oder Roter Meier, Nutzpflanzen, wie sie bereits im 19. Jahrhundert vermutlich auch hier angebaut wurden.

Der Garten ist eine grüne Oase am Dom.

Weinterrassen führen auf die Ebene des Zwingergartens.

Zeitz

Schloss und Schlosspark Moritzburg

Der Schlossberg Zeitz ist ein bemerkenswertes Gesamtensemble aus dem frühbarocken Schloss Moritzburg, dem gotischen Dom Sankt Peter und Paul mit seiner romanischen Krypta und verschiedenen Nebengebäuden, gefasst durch spätmittelalterliche Befestigungswerke und üppige Parkanlagen. Dazu gehört auch der Rossner-Park, ein Landschaftspark des frühen 20. Jahrhunderts, der in den 1950er Jahren zur öffentlichen Parkanlage wurde und mit dem Schlossberg Kerngebiet der Landesgartenschau 2004 war.

Nach Entstehung des Herzogtums Sachsen-Zeitz ließ sich dessen erster Herzog Moritz 1657–1678 durch den Baumeister Johann Moritz Richter d. Ä. und Johann Moritz d. J. aus der Ruine der bis ins Mittelalter zurückreichenden Bischofsburg ein dreiflügeliges Residenzschloss im Stil des italienischen Barock erbauen. Die Wehranlagen (Schanzen) wurden 1664 im Stil französischer Befestigungskunst ausgefeilt. In ihrer Wehrhaftigkeit und Größe waren sie für die damalige Zeit herausragend.

Ein barocker Lustgarten mit Küchengarten und Linden-Laubengängen entstand ab 1665 nördlich und westlich des Schlosses außerhalb der Schlossmauern. In zwei viereckigen

Schloss Zeitz

Johannisteich

Gartenflächen waren die Initialen des Herzogs Moritz Wilhelm (MW) und seiner Gemahlin Maria Amalia (MA) in Blumen ausgearbeitet. Südöstlich des Schlosses befand sich die Orangerie (1708) mit Barockparterre und Wasserkunst.

Die Veränderungen des fürstlichen Lustgartens begannen 1782, als der östliche Teil dem Fabrikanten Adolph Ludwig Albrecht geschenkt wurde. Dieser ließ durch den Baumeister Christoph Wilhelm Huth aus Leipzig ein barockes, in der Folge nach ihm benanntes Palais (später auch Brehmsches Haus) mit angrenzender Manufaktur bauen, wodurch ein Teil des Lustgartens überbaut wurde. Der Albrechtsche Garten wird in einer Beschreibung von 1830 als fürstliche Anlage mit Lindenalleen, waldartigen Gehölzen und einem von großen Pappeln umstandenen Teich beschrieben. Auch ein Wolfszwinger, ein Bären- und ein Badehaus sind darin erwähnt. In der folgenden Zeit wurde der ehemalige Lust- und Orangeriegarten mehr und mehr bebaut, so unter anderem mit einem Gerichtsgebäude (1854) und einem Gefangenenhaus (1811).

Zwischen 1912 und 1935 erfolgte die Umgestaltung des westlichsten Teils des ehemaligen fürstlichen Lustgartens in einen privaten Landschaftsgarten durch den neuen Besitzer der Obermühle Rossner. Nachdem der Rossner-Park 1952 an die Stadt übergegangen war und öffentlich zugänglich wurde, erfolgte seine Weiterentwicklung zum Kulturpark mit veränderten Wegeverläufen und neuer Teichanlage, Wildgehege

Im Dom St. Peter und Paul

Anschrift

Schlossstraße 6
06712 Zeitz

Eigentümer

Schloss Moritzburg, Schlosspark: Stadt Zeitz
Rossner-Park: Privateigentum, Stadt Zeitz als Pächter

Öffnungszeiten

Schlosspark April–Oktober
10.00–18.00 Uhr
Schloss April–Oktober
Di–So 10.00–18.00 Uhr
November–März
Di–So 10.00–16.00 Uhr
Schlosspark und Schloss eintrittspflichtig

Anreise mit ÖPNV

Bhf. Zeitz (ca. 1 km Fußweg zum Schloss, ausgeschildert), Bus Stadtlinie ab Bahnhof (etwa 100 m vom Bhf. entfernt)

Anreise mit PKW

A 9 über B 91 oder B 180
A 4 über B 2
Leitsystem vorhanden

Fahrrad-/Wanderrouten

Elsterradweg zwischen Gera und Leipzig führt direkt am Gelände entlang

Führungen

Schloss: während der Öffnungszeiten (Gruppen bitte anmelden)
Schlosspark auf Anfrage
Domführungen, Bestellung bei der Pfarrei der katholischen Gemeinde neben dem Kavaliershaus
Tel.: (0 34 41) 21 12 91

Ausstellungen

Dauerausstellungen im Museum im Schloss: Deutsches Kinderwagenmuseum, Himmlisches Streben – Irdisches Leben u. a., Sonderausstellungen zur Heimatgeschichte und Kunstausstellungen, Führungen durch die Ausstellungen nach Anmeldung
Tel.: (0 34 41) 21 25 46

Veranstaltungen

Wiederkehrende Veranstaltungen im Schlosspark, Anfang April Frühlingsmarkt, 1. Juni Kinderfest, 3. Septemberwochenende Weinfest, Herbstmarkt am Erntedanksonntag

A Schloss Moritzburg
B Dom Sankt Peter und Paul
C Torhaus
D Brückenhaus
E Badehaus
F Japanischer Garten
G Bastionsplatz
H Ölmühle
I Detmolder Garten
J Rosengarten
K Baumschule
L Orangerie
M Schlossküchengarten
N Nachwachsende Rohstoffe
O Obstgarten und Bienenhaus
P Heilpflanzen und Apothekergarten
Q Schlosspark
R Wallgraben
S Lustgarten
T Grünes Klassenzimmer
U Menagerie
V Rossner-Park
W Wasserkreuzbrücke
X Bühne
Y Johannisteich

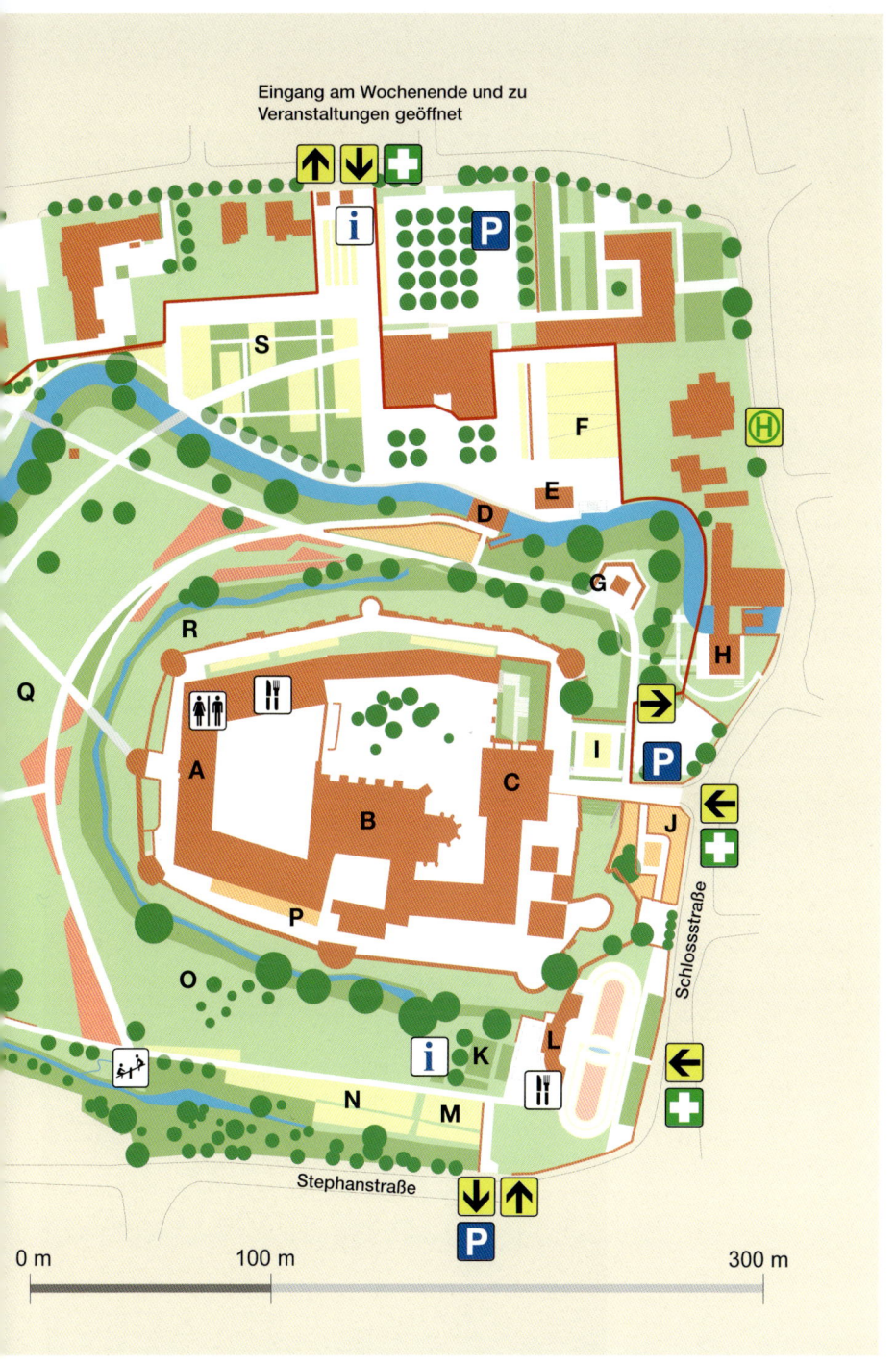

Im Museum Schloss Zeitz

und Kinderspielplatz. Die schon aus früherer Zeit stammende Badegelegenheit am Mühlgraben und die Wildstaudenwiese wurden in die Umgestaltungen einbezogen.

Die Landesgartenschau 2004 machte die historischen Parkanlagen im Zusammenspiel mit moderner Parkgestaltung des Landschaftsarchitekturbüros Adam zu einem attraktiven grünen Erholungsraum der Stadt Zeitz. Zwölf abwechslungsreiche Hektar laden in blühende Themengärten und auf schöne Spielplätze. Ein Japanischer Garten symbolisiert in seiner Gestaltung auf fernöstliche Weise Meere, Flüsse und Seen. Pflanzliche Genüsse und Nutzwerte zeigen der Schlossküchengarten und die Streuobstwiese. Glanzpunkt ist das in Anlehnung an die barocke Gestaltung wiedererstandene Orangerieparterre mit der sanierten Orangerie.

An der Moritzburg sind die Reste der historischen Befestigungsanlage wieder erlebbar. Grundlage für eine solche Wiederbelebung waren archäologische Grabungen, die deutliche Reste der ehemaligen barocken Gestaltung zutage beförderten.

Informationen

www.zeitz.de
www.kultur-zeitz.de
Museums- und Kirchenführer zum Schloss und Dom

Gastronomie/Angebote

Schloss-Restaurant Moritzburg, Brauhaus und Schnitzelschmiede in der ehemaligen Orangerie, weitere Angebote im Stadtzentrum

Sehenswürdigkeiten in der Umgebung

Altstadt von Zeitz mit mittelalterlichen Gebäuden, Franziskanerklosterkirche, gotischem Rathaus, mittelalterlicher Stadtmauer und Michaeliskirche, unterirdischem Gangsystem, Lutheridenbibliothek und dem „Herrmannschacht" als Teil des „Mitteldeutschen Umwelt- und Technikparks"

Rund um das Schloss Moritzburg erstreckt sich der rund zwölf Hektar große Schlosspark Moritzburg.

Brückenhaus

Schöne Spazierwege führen durch den unter gartendenkmalpflegerischen Gesichtspunkten behutsam sanierten Rossner-Park mit seinen stimmungsvollen Wasserläufen. Zahlreiche Veranstaltungen laden während der Schlossparksaison auf die Open-Air-Bühne am Johannisteich ein.

Orangerie

Piktogramme

 Eingang
 Barrierefreier Eingang
 Parkplatz
 Touristenbusparkplatz
 Reisemobil-Stellplatz
 Toiletten
 Barrierefreie Toiletten
 Café
 Gastronomie
 Übernachtungsmöglichkeit
 Spielplatz
 Aussichtspunkt
 Picknickplatz
 Sportplatz
 Bootsverleih, Gondelstation
 Information
 Erste Hilfe
 Liegewiese
 Badestrand
 Seminarraum „Grünes Klassenzimmer"
 WLAN Hot Spot

 Haltestelle
 Haltestelle Parkbahn
 Bootsanlegestelle
 Hundeauslaufwiese
 Grillplatz
 Skatepark
 Elberadweg
 Saaleradwanderweg
 Harzvorland Radwanderweg
 Europa-Radweg R1
 Muldental-Radweg
 Anlegestelle „Blaues Band"

Ortsverzeichnis

Parks in der Altmark

1 Osterburg, Schloss und Schlosspark Krumke
2 Gardelegen, Wallanlagen
3 Tangerhütte, Stadtpark
4 Tangerhütte, Herrenhaus und Gutspark Briest

Parks in der Region Magdeburg–Elbe–Börde–Heide

5 Seggerde, Gutshaus und Gutspark
6 Harbke, Schloss und Schlosspark
7 Hundisburg, Schloss und Barockgarten Hundisburg und Landschaftspark Althaldensleben-Hundisburg
8 Magdeburg, Herrenkrugpark und Elbauenpark an der Elbe
9 Magdeburg, Stadtpark Rotehorn an der Elbe
10 Magdeburg, Klosterbergegarten und Gruson-Gewächshäuser an der Elbe
11 Möckern, Schloss Wendgräben mit Park

Parks im Harz

12 Drübeck, Kloster und Klostergärten
13 Wernigerode, Schloss und Schlossgärten
14 Halberstadt, Landschaftspark Spiegelsberge
15 Blankenburg (Harz), Schloss und Schlossgärten
16 Quedlinburg, Stiftsgärten
17 Rieder, Roseburg
18 Ballenstedt, Schloss und Schlosspark
19 Aschersleben, Gärten und Parks
20 Degenershausen, Landschaftspark
21 Stolberg, Schloss und Schlossgärten
22 Sangerhausen, Europa-Rosarium

Parks in der Region Anhalt–Dessau–Wittenberg

23 Köthen, Schloss und Schlosspark
24 Dessau-Roßlau, Schloss und Schlossgarten Mosigkau
25 Dessau-Roßlau, Kühnauer Landschaftspark, Schloss und Schlossgarten Großkühnau
26 Dessau-Roßlau, Schloss Georgium, Georgengarten und Beckerbruch an der Elbe
27 Dessau-Roßlau, Schloss und Park Luisium an der Mulde
28 Vockerode, Sieglitzer Berg an der Elbe
29 Wörlitz, Schloss und Wörlitzer Anlagen an der Elbe
30 Oranienbaum, Schloss und Schlossgarten
31 Reinharz, Schloss und Schlosspark
32 Altjeßnitz, Gut und Gutspark
33 Pouch, Landschaftspark Goitzsche

Parks in der Region Halle–Saale–Unstrut

34 Ostrau, Schloss und Schlosspark
35 Halle (Saale), Reichardts Garten
36 Halle (Saale), Amtsgarten an der Saale
37 Halle (Saale), Botanischer Garten
38 Dieskau, Schloss und Schlosspark
39 Bad Lauchstädt, Historische Kuranlagen und Goethe-Theater
40 Merseburg, Dom, Schloss und Schlossgarten an der Saale
41 Burgscheidungen, Schloss und Schlosspark an der Unstrut
42 Naumburg, Dom und Domgarten
43 Zeitz, Schloss und Schlosspark Moritzburg

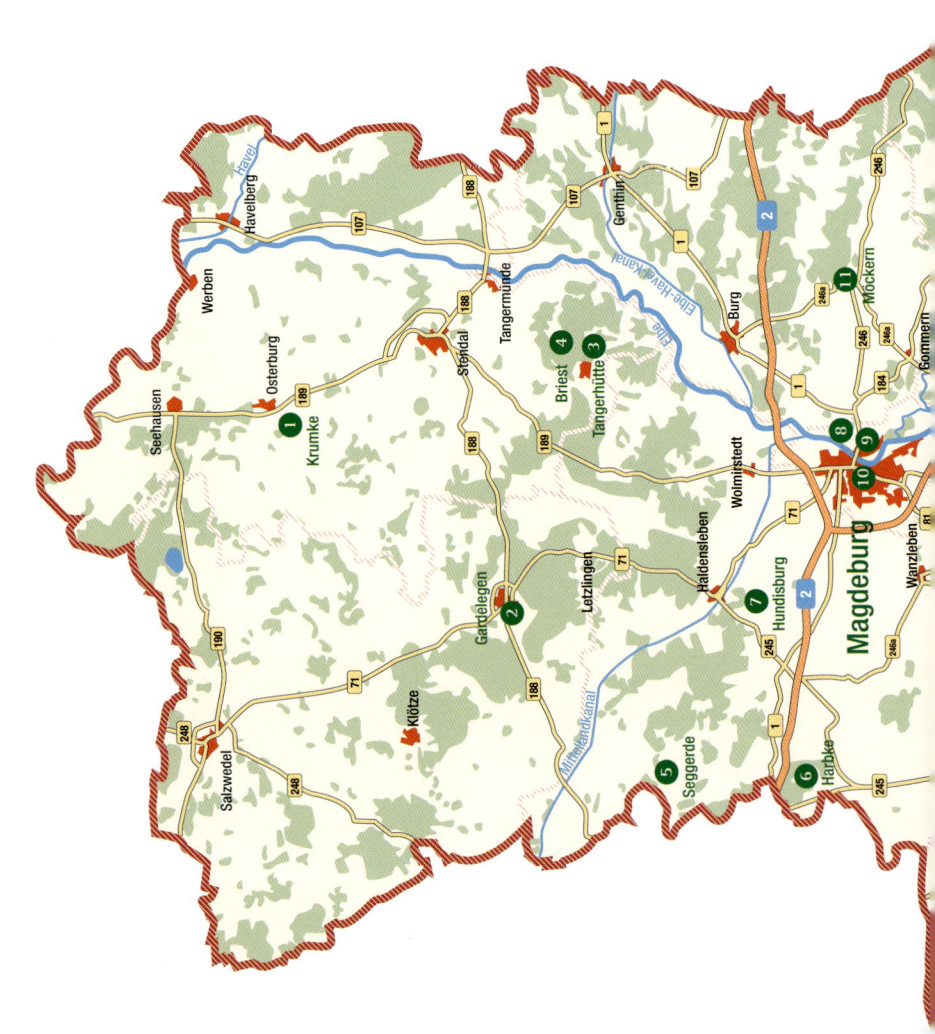

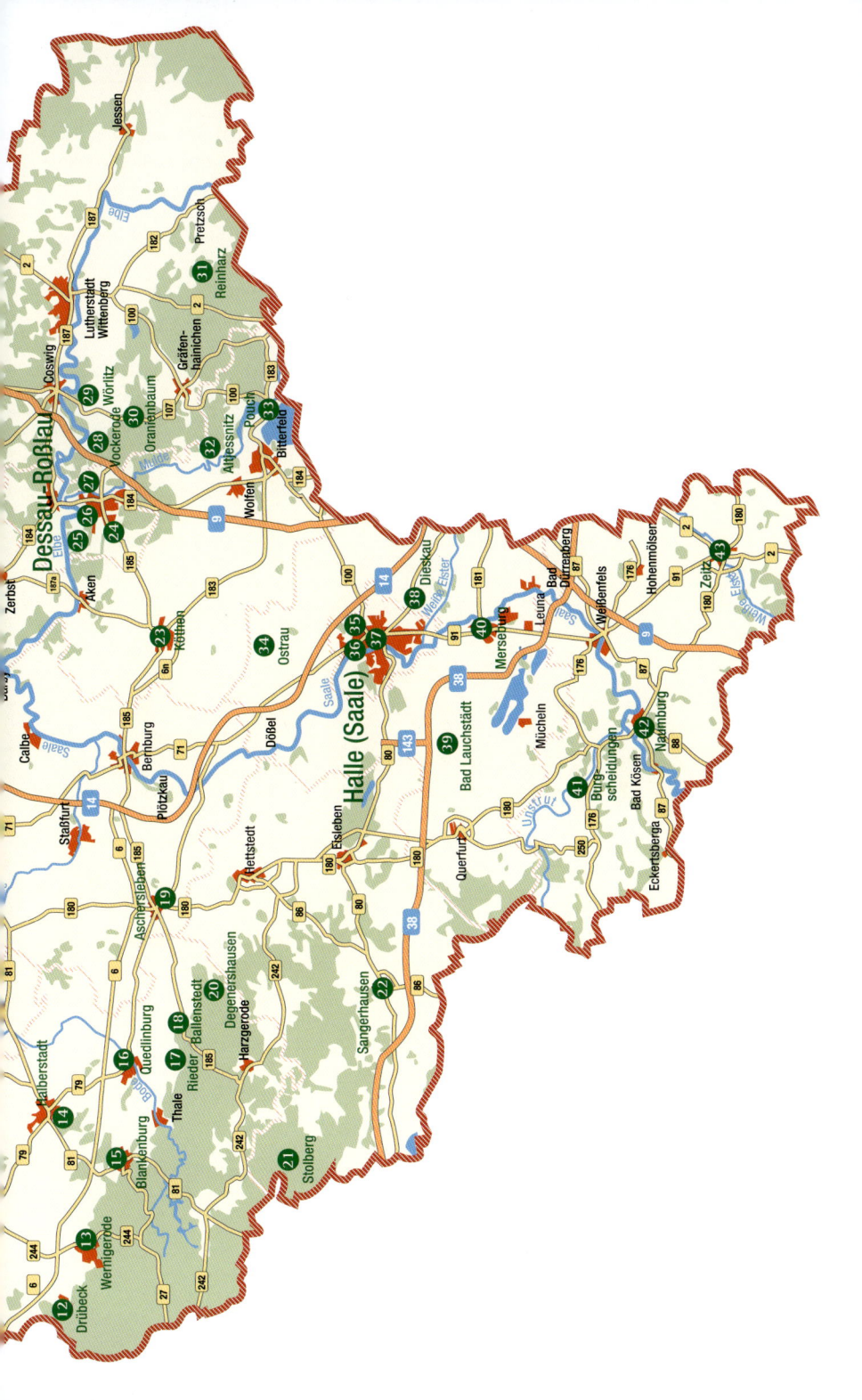

Quellen

Die vorliegende Veröffentlichung basiert auf dem vom Büro HORTEC erstellten grundlegenden Gutachten zum Landesprojekt „Gartenträume – Historische Parks in Sachsen-Anhalt" und der Veröffentlichung des Ministeriums für Wirtschaft und Technologie, heute Ministerium für Wissenschaft und Wirtschaft, des Landes Sachsen-Anhalt. Hieraus wurden auszugsweise Textpassagen überarbeitet übernommen. Auch befinden sich hierin sämtliche detaillierte Quellenangaben sowie anlagenspezifische Bibliographien:

HORTEC GbR (2000): Gartenträume. Historische Parks in Sachsen-Anhalt: Denkmalpflegerisches und touristisches Gesamtkonzept sowie infrastrukturelle Rahmenplanung, beauftragt vom Ministerium für Wirtschaft und Technologie des Landes Sachsen-Anhalt, bearbeitet von Stefanie Dobelstein, Ingrid Frölich, Fiona Laudamus, Boris Placzek, Hans-Jürgen Pröbster, Alexandra Tautz, Angelika Trauzettel, Anke Werner, unveröffentlicht (Rehsen bei Wörlitz).

Ministerium für Wirtschaft und Technologie des Landes Sachsen-Anhalt & HORTEC GbR (Hg. 2001): Gartenträume. Historische Parks in Sachsen-Anhalt, Tourismus-Studien Sachsen-Anhalt 2, Autoren: Christian Antz, Fiona Laudamus, Christa Ringkamp, Gotthard Voß, Anke Werner (Magdeburg).

Zusätzlich wurden für die 3. Auflage neben Gartenbesuchen und vielen interessanten Gesprächen mit den Beteiligten folgende Quellen herangezogen:

Aschersleber Kulturanstalt (Hg.) o. D. (2014). „Gärten und Parks", www.aschersleben-tourismus.de/cms/gaerten-und-parks/, konsultiert 8. Dezember 2014.

Därr, S.; Runge, S.; Döllefeld, T.; Säckl, J.; Henze, D.; Bunte, R.: Schlosspark Ostrau: Erarbeitung einer denkmalpflegerischen Rahmenkonzeption zur Erhaltung und Nutzung des Schlossparks Ostrau, Januar 2012, unveröffentlicht, Därr Landschaftsarchitekten, im Auftrag der Gemeinde Petersberg.

Degenershausen e. V.: „Degenershausen e. V. – Fördervereins zur Erhaltung des Landschaftsparkes Degenershausen", www.landschaftspark-degenershausen.de, konsultiert 8. Dezember 2014.

Engelhardt, W. von: „Wendgräbens Park- und Gartenanlagen". In: Die Gartenkunst, Jg. 35 (1922), H 6, S. 52–66.

Grützner, F.: Gartenkunst zwischen Tradition und Fortschritt: Walter Baron von Engelhardt (1864–1940), Studien zur Kunstgeschichte, Bd. 3, Lemmens (Bonn 1998): S. 325–333.

Merz, U.; Janocha, D.: Falkenstein/Harz: Landschaftspark Degenershausen: Denkmalpflegerische Rahmenkonzeption, September 2011, unveröffentlicht, Landschaftsarchitekturbüro Uwe Merz, im Auftrag der Stadt Falkenstein/Harz.

Merz, U.; Janocha, D.; Willmann, U.: Köthen: Schlosspark: Denkmalpflegerische Rahmenkonzeption, September 2011, unveröffentlicht, Landschaftsarchitekturbüro Uwe Merz, im Auftrag der Stadt Köthen und der Stiftung Dome und Schlösser in Sachsen-Anhalt.

Pätzig, B.; Richter, H.: Abschlussbericht zum Projekt Wiedererschließung und Instandsetzung des Naumburger Domgartens, Dezember 2011, unveröffentlicht, Donath+Richter Landschaftsarchitekten, S. 1–21.

Pulkenat, S.: Gutspark Briest: Denkmalpflegerische Rahmenzielstellung, 1. November 2012, unveröffentlicht, Landschaftsarchitekturbüro Stefan Pulkenat, im Auftrag von Maren von Bismarck.

Richter, H.: Projektbeschreibung Domgarten Naumburg (Saale): Denkmalgerechte Wiederherstellung der Anlage und Neugestaltung des Gartens der Naumburger Meister, Juni 2009, unveröffentlicht.

Wikipedia: „Gutsbezirk Degenershausen". In: Wikipedia, Die freie Enzyklopädie, http://de.wikipedia.org/w/index.php?title= Gutsbezirk_Degenershausen&oldid=136249225, Bearbeitungsstand 27. November 2014.

Wulffen, H.-W.: „Wendgräben ein mitteldeutscher Herrensitz". In: Die Gartenkunst, Jg. 35 (1922), H 6, S. 57–62.

Parkpläne wurden für die Veröffentlichung zur Verfügung gestellt von:

Gartenträume – Historische Parks in Sachsen-Anhalt e. V.; Planverfasser: HORTEC; Plangrundlagen: Parkbetreiber/Planungsbüros

WANDERER ACHTE NATUR UND KUNST UND SCHONE IHRER WERKE

Warnungsaltar im Wörlitzer Park

Der Gartenträume-Verein

Hier wachsen Ideen.

Bild: Gartenträume e. V.

Das Land Sachsen-Anhalt macht es vor: Gartendenkmalpflege und Tourismus sind kein Widerspruch, sondern setzen gemeinsam spannende Akzente. Kommt dann noch Leidenschaft dazu, entsteht ein so besonderes Netzwerk wie die Gartenträume. Einzigartig in Deutschland, führen die Gärten auf eine Reise durch 400 Jahre Gartenkunst vom Barock bis zur heutigen Zeit.

Das Netzwerk aus Eigentümern und Ehrenamtlichen, Denkmalpflegern und Gartenarchitekten, Touristikern und Unternehmern und nicht zuletzt aus Politikern und Verwaltungsexperten des Landes Sachsen-Anhalt konnte durch seine intensive Arbeit bewirken, dass das reiche gartenkulturelle Erbe Sachsen-Anhalts wiederentdeckt wurde und Gästen von nah und fern attraktiv präsentiert werden kann.

Seit dem erfolgreichen Start der „Gartenträume" am Reisemarkt im Jahr 2006 gehört die Landesinitiative neben der „Straße der Romanik", dem „Blauen Band" und den „Himmelswegen" zu den vier imageträchtigen touristischen Markensäulen des Reiselandes Sachsen-Anhalt.

Der gemeinnützige Verein Gartenträume – Historische Parks in Sachsen-Anhalt e. V. organisiert und bündelt die Umsetzung, Weiterentwicklung und nachhaltige Sicherung des Netzwerks Gartenträume. Zu seinen vielfältigen Aktivitäten gehören die Koordination und Durchführung von kulturellen und fachlichen Veranstaltungen, eine intensive Öffentlichkeitsarbeit sowie Maßnahmen zur Qualitätsverbesserung der Parkanlagen und ihren touristischen Angeboten.

Als Interessenvertreter der Eigentümer der 43 historischen Parkanlagen stimmt der Verein Maßnahmen zur Stärkung und Entwicklung des Netzwerkes mit den zuständigen Stellen des Landes Sachsen-Anhalt ab, wirkt als Lobbyist und arbeitet mit nationalen und internationalen Garteninitiativen zusammen, um das Thema Gartenkunst weiter zu befördern.

Jede ideelle und finanzielle Unterstützung des Projektes Gartenträume hilft bei der Umsetzung von Maßnahmen in den Gärten. Als Fördermitglied können auch Sie zur Gartenträume-Familie dazugehören. Das Engagement vieler lässt Gartenträume wahr werden!

Weitere Informationen

Gartenträume – Historische Parks in Sachsen-Anhalt e. V.

Tessenowstraße 3
39114 Magdeburg
Tel: (03 91) 5 93 42 52
Fax: (03 91) 5 93 43 17
info@gartentraeume-sachsen-anhalt.info
www.gartentraeume-sachsen-anhalt.info

Spendenkonto

Gartenträume e. V.
IBAN: DE46810532720035008151
BIC: NOLADE21MDG

Erhard Hirsch
Dessau-Wörlitz
Aufklärung und Frühklassik

Kulturreisen in Sachsen-Anhalt Band 5
Herausgegeben von Christian Antz

2., aktualisierte Auflage
320 Seiten
368 meist farbige Abbildungen
Broschur
14 × 21 cm
16,80 EUR
ISBN 978-3-89923-127-4

Von der „Zierde und dem Inbegriff des XVIII. Jahrhunderts" hat Christoph Martin Wieland gesprochen, als er von Dessau-Wörlitz redete. Auch Goethe hat die Gegend als „wohladministriertes und zugleich äußerlich geschmücktes Land" gelobt. Dabei umfasst der Begriff des Dessau-Wörlitzer Kulturkreises weit mehr als nur den berühmten Park und die in ihm Gestalt gewordene Italiensehnsucht der deutschen Frühklassik. Immer wieder wird ein kleiner Musterstaat beschrieben. Das Dessauer Erbe ist von übernationalem Rang. Es wurde aufgenommen ins UNESCO-Weltkulturerbe.

Erhard Hirsch ist der profunde Kenner von Dessau-Wörlitz. Er ordnet es in diesem Buch, das seit 1985 als Standardwerk zum Gegenstand gilt, in das geistige Umfeld jener Zeit, zeigt die humanistischen Leitlinien der Entstehung dieses „Mekkas" des Fortschritts auf und porträtiert die Männer, die Fürst Leopold III. Friedrich Franz, der „Vater Franz", um sich versammelte, um dies alles entstehen zu lassen.

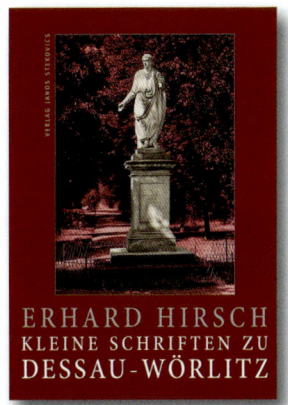
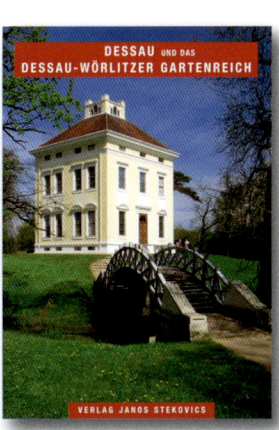

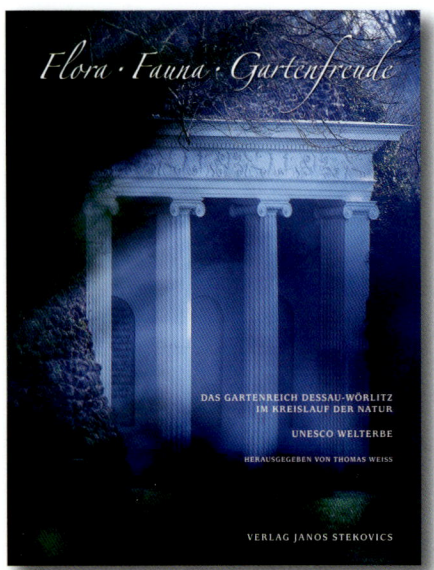

Flora · Fauna · Gartenfreude
Das Gartenreich Dessau-Wörlitz
im Kreislauf der Natur
UNESCO Welterbe

Herausgegeben von Thomas Weiß

Fotografien von Janos Stekovics,
Thomas Hinsche und Heinz Fräßdorf

368 Seiten
281 Abbildungen
gebunden, Schutzumschlag
25 × 33 cm
39,80 EUR
ISBN 978-3-89923-352-0

www.steko.net

Dieser opulente Prachtband voller grandioser Fotos und mit von der Schönheit des zu Sehenden angeregten, unterschiedliche Detailaspekte dieser einmaligen Landschaft behandelnden Essays ist eine Augenweide, das Opus magnum für das UNESCO-Welterbe. Noch nie wurden die vielfältigen Naturschauspiele im Wörlitzer Gartenreich so stimmungsvoll in einem Buch vereint.

Seit dem Jahr 2000 gehört das Gartenreich Dessau-Wörlitz zum Weltkulturerbe der UNESCO. Das UNESCO-Welterbekomitee begründete damals seine Aufnahme: „Das Gartenreich Dessau-Wörlitz ist ein herausragendes Beispiel für die Umsetzung philosophischer Prinzipien der Aufklärung in einer Landschaftsgestaltung, die Kunst, Erziehung und Wirtschaft harmonisch miteinander verbindet."

Insbesondere der Wörlitzer Park im Gartenreich, im Stil englischer Landschaftsgärten angelegt, ist ein mystischer Sehnsuchtsort, ein begehrtes Spiegelbild der aufgeklärten Weltanschauung eines deutschen Fürsten in der zweiten Hälfte des 18. Jahrhunderts. Natur und Kultur gehen hier eine untrennbare Symbiose ein. In diesem Miteinander verdient jedes Detail Beachtung. Der realisierte Traum von einer arkadisch-idyllischen Landschaft regte schon viele Besucher zu meditativer Gelassenheit an.

Wörlitz: ein Reiseziel in der Mitte Deutschlands, das durch seine unaufgeregte Eleganz seit mehr als zwei Jahrhunderten Menschen inspiriert und bewegt. Ein magischer Ort, aus dem Geist der Antike geschaffen und von erotischer Lust inspiriert; das prominente Gegenbild zu der eher kühlen Pracht friderizianischer Kunst im Dienste preußischer Machtpolitik. Vielen gilt Wörlitz bis heute als Synonym für eine friedliche Welt.

„Wer begreifen und sinnlich erfahren will, was Europa im 18. Jahrhundert einmal war und was es im glücklichsten Verlaufsfall einmal wieder werden könnte, hier findet er Spuren einer gelingenden Utopie für den Kontinent, einer Balance von Weltoffenheit und Weltabgeschiedenheit, von internationaler Inspiration und lokaler bescheidener Umsetzung, nicht zu vergessen das Toleranzgebot zwischen allen Religionen und Ideologien und die unerschrockene Abstinenz von allen Kriegen der damaligen Zeit." (Antje Vollmer)

Flora · Fauna · Gartenfreude
Das Gartenreich Dessau–Wörlitz im Kreislauf der Natur
www.steko.net

 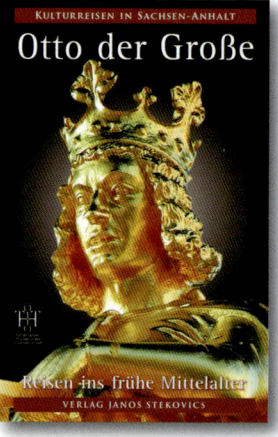 

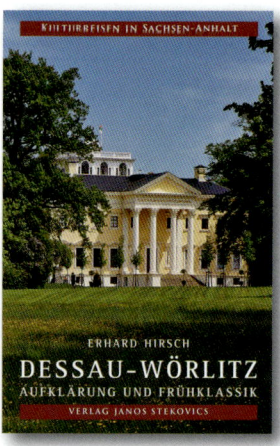 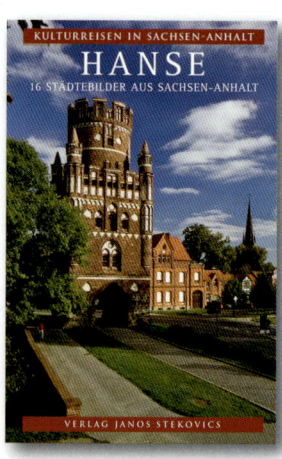 

 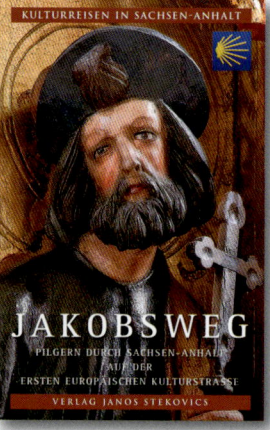 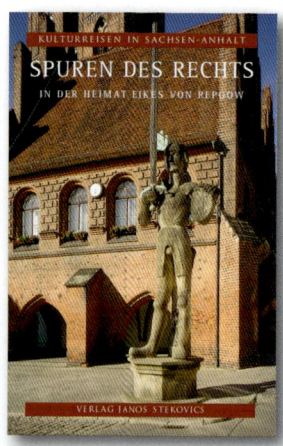

Kloster Michaelstein

Gärten, Musik, Architektur

GARTENTRÄUME
HISTORISCHE PARKS IN SACHSEN-ANHALT

Das ehemalige Kloster Michaelstein bei Blankenburg (Harz) liegt – wie zur Gründungszeit (1146) – abseits des städtischen Lebens. Umgeben von Wald und Wiesen, ist es ein besonderer Ort an der Straße der Romanik und am Europa-Radweg R1. Die altehrwürdigen Mauern geben heute der Stiftung Kloster Michaelstein Raum für ihre Aufgaben: Museum, Musikakademie und Veranstaltungsort.

Die Klostergärten wurden nach dem Vorbild mittelalterlicher Quellen gestaltet und bepflanzt: Der 1990 wieder neu angelegte Kräutergarten befindet sich auf der sonnigen, windgeschützten Südseite der Klausur. Dort gedeihen auf 800 m² die wesentlichen Heilmittel und Kräuter der früheren Klosterapotheke, etwa 260 verschiedene duftende Arten. Der etwas größere Gemüsegarten repräsentiert mit ca. 100 verschiedenen Pflanzen wichtige Zutaten der mittelalterlichen Mönchstafel, insbesondere die „feinen" und die „gewöhnlichen" Gemüse, Getreide und Obst. Seit 2010 zeigt ein Apfelgarten eine Auswahl historischer Apfelsorten, umgeben von einer dauerblühenden Kräuter- und Blumenwiese. Von Mai bis September werden thematische Führungen durch die Gärten angeboten, die Dauerausstellung „Klostergärten: Entwicklung – Nutzung – Symbolik" ergänzt die Thematik ganzjährig.

Alle Museumsbereiche – Klostergärten, Musikausstellung "KlangZeitRaum" und Klausur – können individuell, mit einer Führung oder als „Museum zum Anfassen" erlebt werden. Zum Programm der Stiftung Kloster Michaelstein gehören ganzjährig verschiedenste Veranstaltungen, Workshops, Konzerte, Tagungen und Seminare.

Stiftung Kloster Michaelstein
Musikakademie Sachsen-Anhalt für Bildung und Aufführungspraxis

Michaelstein 15
38889 Blankenburg (Harz)
Tel: (0 39 44) 90 30-0
Fax: (0 39 44) 90 30-30
Email: rezeption@sds-kloster-michaelstein.de
Internet: www.kloster-michaelstein.de

Stiftung Dome und Schlösser in Sachsen-Anhalt, Treuhänderin der unselbständigen Stiftung Kloster Michaelstein – Musikakademie Sachsen-Anhalt für Bildung und Aufführungspraxis

Stiftung Kloster Michaelstein

Bad Lauchstädt, Putto

Bibliografische Information Der Deutschen Bibliothek

Die Deutsche Bibliothek verzeichnet diese Publikation in der Deutschen Nationalbibliografie; detaillierte bibliografische Daten sind im Internet über http://dnb.ddb.de abrufbar.

Die 3. Auflage dieser Publikation entstand mit freundlicher Unterstützung des Ministeriums für Wissenschaft und Wirtschaft und des Ministeriums für Landesentwicklung und Verkehr des Landes Sachsen-Anhalt.

1. Auflage, 2003
2., aktualisierte Auflage, 2004
3., aktualisierte, erweiterte Auflage, 2015

Reihe „Kulturreisen in Sachsen-Anhalt", Band 3
Herausgeber: Christian Antz
Text: Anke Werner (1. und 2. Auflage bearbeitet im Büro HORTEC GbR)
Layout und Fotografie: Janos Stekovics
Satz: Hans-Jürgen Paasch
Straßenkarte Sachsen-Anhalt und Gesamtherstellung: Verlag Janos Stekovics

IMG – Investitions- und Marketinggesellschaft Sachsen-Anhalt mbH

Am Alten Theater 6
39104 Magdeburg

Tel.: +49 (0) 391 568 99 80
Fax: +49 (0) 391 568 99 50

tourismus@img-sachsen-anhalt.de

Titelbild: Wörlitzer Park, Kleines Walloch mit Venustempel
Frontispiz: Rhododendronblühen in Wörlitz

© 2015, Verlag Janos Stekovics, Halle an der Saale. Alle Rechte vorbehalten. Nachdruck, vollständige oder auszugsweise Reproduktion, gleich in welcher Form (Fotokopie, Mikrofilm, Speicherung in elektronische Datenverarbeitung, CD-ROM oder durch andere Verfahren), Vervielfältigung, Weitergabe von Vervielfältigungen sind nur mit schriftlicher Genehmigung des Verlages gestattet.

ISBN 978-3-89923-001-7

http://www.steko.net